Keiko Kitagawa

女優・北川景子
人気の秘密

Ryuho Okawa

大川隆法

まえがき

一般論だが、私は美人というだけでは、あまり反応しないタイプである。何か精神的なるものの臨在《りんざい》を感じなければ、心が動かない。北川景子さんが私の意識に引っかかってきたのは、映画「抱きしめたい」や、阪神大震災で自分が生き残った意味を問いつめるところ、友人の難病平癒《へいゆ》祈願に明治神宮に通いつめたり、「義」や「武士道」に関心を持っておられることに気づいたあたりである。トップ・モデルとしての凛《りん》とした美しさも、武士道的美があることに合点《がてん》した時、すべてがわかった気がした。

私も剣道や居合い抜きの型は練習したことがあるので、「花のあと」の女剣士役には少し驚いた。殺陣《たて》のけいこを九カ月もやったと聞いて、プロとしての要求レベルの高さを感じた。今回、守護霊インタビューをさせて頂き、まことに光栄なことと感謝している。

二〇一五年　三月二十四日

幸福《こうふく》の科学《かがく》グループ創始者兼総裁《そうししゃけんそうさい》　大川隆法《おおかわりゅうほう》

女優・北川景子
人気の秘密
Contents

女優・北川《きたがわ》景子《けいこ》 人気の秘密

二〇一五年二月六日　収録

東京都・幸福の科学 教祖殿《きょうそでん》 大悟館《たいごかん》にて

I Opening Comments

Ⅱ Spiritual Interview

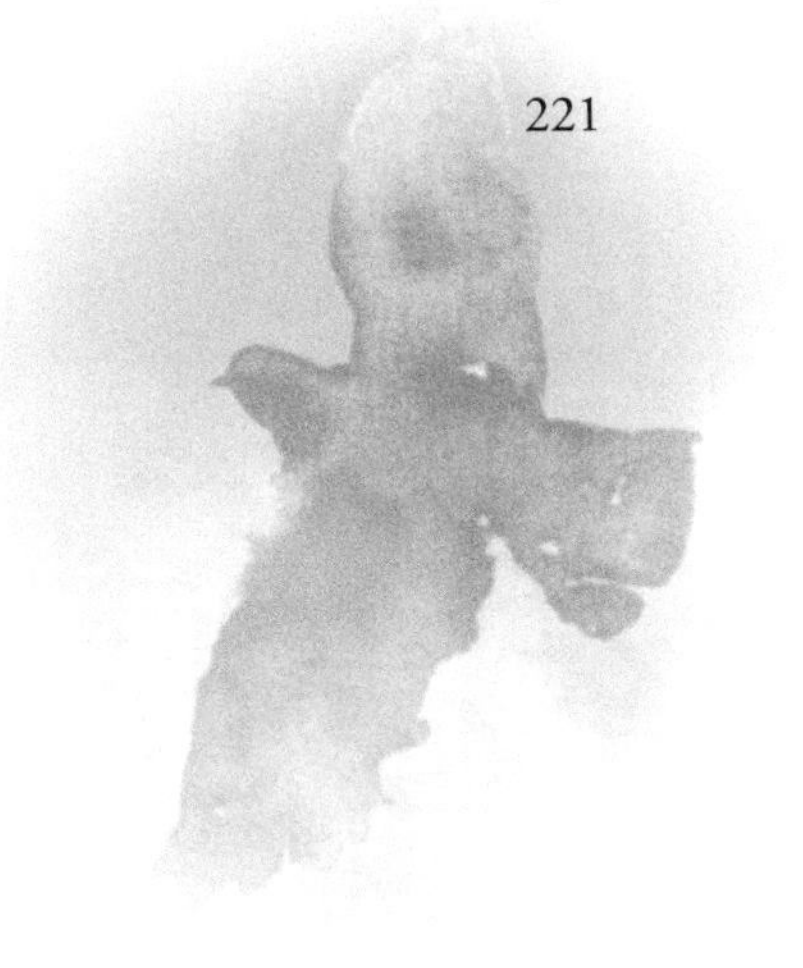

霊言《れいげん》とは？

「霊言《れいげん》」とは、あの世の霊を招き、その思いや言葉を語り下ろす神秘現象のことです。これは高度な悟《さと》りを開いている人にのみ可能なものであり、トランス状態になって意識を失い、霊が一方的にしゃべる「霊媒《れいばい》現象」とは異なります。

守護霊《しゅごれい》霊言とは？

また、人間の本質は「霊」(「心」「魂《たましい》」と言ってもよい) であり、原則として６人で１つの魂グループをつくっています。それを、幸福の科学では「魂のきょうだい」と呼んでいます。

魂のきょうだいは順番に地上に生まれ変わってきますが、そのとき、あの世に残っている魂のきょうだいの一人が「守護霊」を務めます。つまり、守護霊とは自分自身の魂の一部、いわゆる「潜在《せんざい》意識」と呼ばれている存在です。その意味で、「守護霊の霊言」とは、本人の潜在意識にアクセスしたものであり、その人が潜在意識で考えている本心と考えることができます。

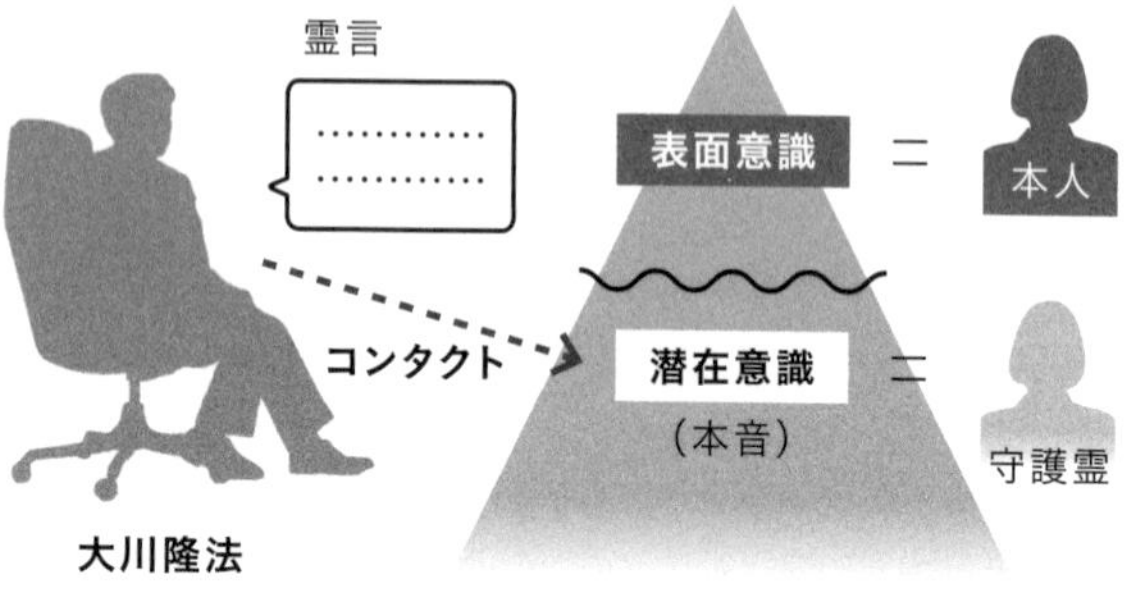

＊なお、「霊言」は、あくまでも霊人の意見であり、幸福の科学グループの見解と矛盾する内容を含む場合があります。

女優・北川景子《きたがわけいこ》
人気の秘密

2015年2月6日　収録
東京都・幸福の科学 教祖殿《きょうそでん》 大悟館《たいごかん》にて

Profile

北川景子《きたがわけいこ》(1986〜)

女優。高校2年生のとき、地元・神戸《こうべ》でスカウトされて芸能界入り。同年、「ミスセブンティーン2003」に選ばれてモデルデビュー、ドラマ「美少女戦士セーラームーン」で女優デビューする。明治大学商学部卒。在学中に、映画「間宮《まみや》兄弟」で注目され、ドラマ「モップガール」で連続ドラマ初主演。その後も、ドラマ「ブザー・ビート〜崖っぷちのヒーロー〜」「謎解《なぞと》きはディナーのあとで」「悪夢ちゃん」「HERO《ヒーロー》」、映画「花のあと」「パラダイス・キス(Paradise Kiss)」「ジャッジ!」「抱きしめたい―真実の物語―」等、話題作・ヒット作に多数出演。オリコン「女性の選ぶ"なりたい顔"ランキング」1位を3度獲得《かくとく》するなど、美人女優としても人気を集める。2015年エランドール賞新人賞を受賞。

Interviewer

質問者

竹内久顕《たけうちひさあき》(幸福の科学宗務《しゅうむ》本部第二秘書局局長代理)

小田正鏡《おだしょうきょう》(幸福の科学専務理事〔メディア文化事業局担当〕
ニュースター・プロダクション株式会社代表取締役《とりしまりやく》)

愛染美星《あいぜんみほし》(幸福の科学メディア文化事業局
スター養成部担当参事)

*質問順。役職は収録時点のもの

I Opening Comments

なぜ、北川景子は人気があるのか？

映画「抱きしめたい ―真実の物語―」で車椅子《くるまいす》の花嫁《はなよめ》を熱演

大川隆法　今日は、女優の北川景子《きたがわけいこ》さんを対象にして、その人気の秘密を探《さぐ》ってみたいと思います。

（北川景子の顔写真がカバーの『女優メイクPartⅡ《パートツー》』〔＊1〕を掲《かか》げて）

こういう方でありますが、まあ、美人ですね（笑）。庶民《しょみん》にはどうしようもない美人でございますから、「生まれが違《ちが》う」と言えば、それで終わりですけれども、やはり、それなりに〝秘密〟はあるかもしれません。

ただ、どちらかというと、私が北川景子さんの存在を意識したのは、わりあいに遅《おそ》かったほうなのです。

＊1『女優メイク Part Ⅱ』（STARDUSTpress 編集部 著／SDP）
女優が役づくりをするように、“なりたい自分”を演じるためのメイク本。ストーリー別に35パターンのメイク法を紹介。

「美人で人気がある」ということは、うすうす聞いてはいたのですが、それほど研究のターゲットには入ってこなかったので、よくは分かりませんでした。

はっきりと感じ始めたのは去年だったでしょうか。「抱きしめたい――真実の物語――」（＊2）という映画がありました。錦戸亮《にしきどりょう》さん（関《かん》ジャニ∞《エイト》）と共演した作品です。雪深い北国《きたぐに》のほうの話で、高校のときに交通事故に遭《あ》って車椅子《くるまいす》生活になってしまった女性の役を、北川景子さんが演じています。

その女性は将来への希望を失って、心境が荒《あ》れてもおかしくないような状況《じょうきょう》でもあったわけですが、錦戸亮さんの演じるタクシーの運転手が、彼女に対して親

＊2 映画「抱きしめたい－真実の物語－」
（2014年公開／東宝）

切にしているうちに好きになり、やがて結婚《けっこん》して「車椅子の花嫁《はなよめ》」となるというようなストーリーです。

これにはモデルとなる実話があったらしく、ビデオや写真等、映像がいろいろと残っていたようです。

映画では、二人が双方《そうほう》の親からの反対を押《お》し切って結婚を決意し、北川景子さんの演じる不幸な境遇《きょうぐう》のなかにいた女性もハッピーな花嫁となり、最高の笑顔で結婚式を挙《あ》げるわけですが、そのあと、赤ちゃんを産むことになります。結婚前、男性の父親は、最初、そういう女性が相手では孫の顔も見られないのではないかということで、結婚に反対したことがあったものの、赤ちゃんを産むことができたのです。

しかし、子供を産んだあと、彼女は妊婦《にんぷ》の一万人に一人がなるという珍《めずら》しい病気を発症《はっしょう》し、スヤスヤと眠《ねむ》りに入ったまま、帰らぬ人になってしまいます。奥《おく》さんを亡《な》くした夫が、雪のなかで膝《ひざ》をついて泣き叫《さけ》ぶシーンを錦戸亮さんが演じていましたが、そこがコマーシャルでも使われていたと思います。

映画では、その後、奥さんのいないまま、子供が成長して五歳《さい》ぐらいになるところまでを描《えが》いていました。

「この結婚は幸福だったのか、不幸だったのか」「結婚してよかったのか、結婚したために、彼女は早く亡くなったのか」というようなことを問いかけている面もあり、ある意味で、宗教的な面がある映画だったと思います。

極端《きょくたん》に不幸な面も出ているため、これを当会でつくるには、やや厳しいかと思われる面もありましたが、ある程度の宗教性を感じるものです。

「人間は心か外見か」を問いかける映画「ハンサム★スーツ」

大川隆法　北川景子さんの出演作には、他にも宗教性を感じるものが幾《いく》つかありました。

例えば、先ほどの映画とは対照的なマンガチックなものに、「ハンサム★スーツ」という映画（＊1）があります。

これは「洋服の青山《あおやま》」の協力のもとでつくられた映画です。着るだけでよくモテる男に変身できる「ハンサムスーツ」という名のスーツが開発され、それをお笑い芸人が演じる大衆食堂の店主《てんしゅ》が着て、急に男前に変わるわけです。

＊1 映画「ハンサム★スーツ」
（2008年公開／アスミック・エース）

この作品では、「人は、顔の美しさによるのか、心の美しさによるのか」ということが描かれているのですが、その大衆食堂の店主がかっこいい男になって、ファッションモデルとしてスカウトされ、大きな会場で行われる「東京ガールズコレクション」（＊2）に出たりするのです。

一方、北川景子さんは、その食堂でアルバイトをする、美人すぎる女性の役でした。

実は、彼女は学生時代にもその店に来たことがありました。そのとき、無《む》銭《せん》飲食をした男がいたのですが、その店主はそれを見咎《みとが》めずに、「また今度でいいんで」というように見逃《みのが》してやったのです。それを見て、店主の懐《ふところ》の大きさに憧《あこが》れたらしく、のちに、この店のアルバイトに来たわけです。

店主も彼女のことが好きになるのですが、その理由として「美人だから」

＊2 東京ガールズコレクション　2005年に始まった日本のファッションイベント。10代後半から20代前半の女性向けファッションの販売、ファッションショー、ライブなどで構成される。

というようなことを話すと、彼女は失望して出て行ってしまいます。

その後、今度はブスの人が店で働くようになりますが、実は、「ハンサムスーツ」とは逆に、それを着たらブスになる「ブスーツ」というものがあり(笑)、それを美人の彼女が着て変身し、ブスになってまた勤めていたわけです。しかし、そのことを知らない店主は、別の人だと思って一緒《いっしょ》に働きます。

それから、いろいろなことがありながらも、最後は、「やはり心の美しさが大切だ」と気づくようなストーリーです。

少々マンガチックであり、「美人とブス」あるいは「ブ男とハンサムボーイ」というかたちで極端に描かれすぎていて、やや差別観《さべつかん》が出ているので、これも、当会ではちょっと手が出ないところまでいっています。

ただ、「心の美しさと外見の美しさ」というようなものを追究したところについては、多少、宗教的なテーマでもあったかと思いました。

スピリチュアルなところのある映画「瞬 またたき」

大川隆法　あとは、「瞬 またたき」（*）という映画もあります。

この作品では、北川景子さんの演じる女性が、美術を学んでいる彼と付き合っていたのですが、彼が彼女をバイクに乗せて走っているとき、トンネルで交通事故に遭います。ハンドルを切り損《そこ》ねたトラックにぶつかったのです。

二人は病院に運ばれましたが、彼は亡くなってしまい、彼女のほうは助かったものの、事故のときの十分間だけ記《き》憶《おく》を失ってしまいます。

＊ 映画「瞬 またたき」
（2010年公開／S・D・P）

その後、彼女は、「その十分間に、いったい何があったのか」ということを探《さぐ》ろうと、心理療法家《りょうほうか》のところへ行ったり、弁護士に頼《たの》んだり、病院や警察で訊《き》いたりして、いろいろと調べていくうちに、だんだん記憶を取り戻《もど》していくという映画です。

そのなかで分かっていったことは、本来なら、バイクがトラックをよけようとするところを、よけずに直進したままトラックにぶつかったということでした。しかし、正面衝突《しょうとつ》したはずなのに、彼は、背中から前のほうに骨が折れていることが分かったのです。そういう「謎《なぞ》の死」でした。

実は、彼は彼女をかばうために、正面からぶつかりながら、トラックに自分の背中を向けて彼女を救ったのです。そして、絵描《えか》きである彼は、指が切断されて散らばってしまいました。

彼女はそのときのことをどうしても思い出せないでいましたが、あとで思い出したのは、まだかろうじて意識のあった彼女が、動けない状態になっていた彼の飛び散った指を泣きながら必死で集め、ハンカチで止血《しけつ》しているシーンだったのです。

その後、彼女は、彼の出身地である出雲《いずも》へ行く決意をします。ずっと前に彼の密葬《みっそう》は終わっていたものの、かつて彼と、「夏には一緒に出雲に行こうね」と約束していたからです。

そして、出雲大社《たいしゃ》で謎《なぞ》のおばあさんと出会い、「自分の主人は六十年前に戦争で亡くなった。潜水艦《せんすいかん》に乗って消えてしまった。骨も出てこなかった。でも、一回だけ、『黄泉《よみ》の国への入り口』といわれる坂で会ったことがあるんだ」という話を聞いたのです。

そこで彼女も、その坂の小道に入っていくと、風が吹《ふ》いてサワサワッと音が鳴るなかで、彼の声を聞くわけです。

そのように、非常に宗教的なところがある映画でした。

北川景子の人生観を変えた、小学校時代の大震災《だいしんさい》体験

大川隆法　北川さんは実際に、自分の美容師をしている友達が難病に罹《かか》ったとき、その難病を治すために明治神宮《じんぐう》に通い詰《つ》め、お札《ふだ》をもらってきたら、病気が治ったという経験をなされているようです。ただ美人であるだけでなく、けっこう宗教的なところがあるらしいのです。

そのようになったきっかけは、どうやら小学校時代に経験した、阪神《はんしん》・淡《あわ》路大震災《じだいしんさい》にあったと思われます。北川さんは神戸《こうべ》出身ですけれども、実家が

けっこう震源に近いところだったために、近所の家が潰《つぶ》れ、亡くなった方がたくさんいたようです。そんななか、自分や弟など、家族は生き残りました。

それからは、「ほかの人は、いっぱい死んでしまったのに、なぜ自分は生き残ったのだろうか」ということを問うて、自分が神様に生かされたことに感謝し、残された者としての責任を果たし、人のために役に立つような仕事がしたいと強く思ったようです。

高校生までは「お医者さんになりたい」と思っていたそうですが、模試《もし》などの成績が伸《の》び悩《なや》んでいる二年生のときに、モデルとしてスカウトされました。

最初は、モデルの仕事のときだけ、神戸から上京《じょうきょう》していたらしいのですが、勉強と仕事の両立はなかなか厳しかったようです。

十七、八歳のころには、ドラマ「美少女戦士セーラームーン」の役をしたようですけれども、そのなかで、現在も彼女ぐらい活躍《かつやく》している人はいないのではないでしょうか（＊1）。

それでも、モデルから女優のほうに入ろうとするのがけっこう難しかったり、休みの日しか撮影《さつえい》ができなかったりと、なかなか安定した仕事ができなくて迷い、両親とも話して、医学のほうへは行けないにしても、大学を受験することを決意し、明治大学の商学部に進みました。

明治大学時代には、「私服の写真を撮《と》らせてください」と言われても、「私服がいつも同じでは困るのに、買えない」など、やや貧《まず》しくて苦しかったようなことを述べ

＊1（右）2003～2006年、Seventeenモデルとして活躍。（左）テレビドラマ「美少女戦士セーラームーン」（2003～2004年放送／TBS系列）のセーラーマーズ（火野レイ）役で女優デビュー（右から2番目）。初めて載った「Seventeen」の発売日に、ドラマ「セーラームーン」が初放送となる。

ています。

印象的だった映画「花のあと」の女剣士《けんし》役

大川隆法　ほかに、映画もいろいろなものに出ていますが、私の印象に残ったものは、二〇一〇年公開の「花のあと」（＊2）です。原作は藤沢周平《ふじさわしゅうへい》の歴史物語で、北川景子さんは主人公の女剣士《けんし》役を演じていました。

おそらく、今の山形《やまがた》辺《あた》りに相当する東北の藩《はん》が舞台《ぶたい》だと思われます。主人公の父親は剣豪《けんごう》で、組頭《くみがしら》でもあったのですが、彼には男の子が生まれず女の子一人だけだったため、その娘《むすめ》に剣の手ほどきをしていたのです。ただ、「剣の指導役にはなれない」という状況でし

＊2 映画「花のあと」
(2010年公開／東映)

た。

その娘がきれいな格好をして、花見《はなみ》をしているようなところから物語は始まります。

その少し前、彼女が、ある道場に行き、袋竹刀《ふくろしない》での練習試合を行《おこな》ったところ、「彼女に敵《かな》う男が誰《だれ》もいない」という状況で帰ってきました。そのときには、その道場でいちばん強い筆頭《ひっとう》剣士が、ちょうどいなかったのです。

その剣士が、花見のときに訪《たず》ねてきて、「先日は不在《ふざい》で失礼しました。一度、お手合わせしたいですね」というようなことを言ってきたため、後日、彼女の家の庭先で、お父さんの立ち会いのもと、竹刀で勝負をすることになりました。

藩随一《ずいいち》の剣豪といわれる彼は、彼女を女とは見ずに、男と同じように扱《あつか》って、戦ってくれました。そして、かなり長く打ち合ったものの、最後は、彼女が小手《こて》を決められて負けます。

それは、彼女にとって「初めての負け」ということになりますけれども、その試合で一瞬《いっしゅん》の恋《こい》のようなものを感じるのです。

味わいのある作品で、女優としての名を上げた

大川隆法　彼は身分が低かったので、その後、もう少し身分の高い家へ婿《むこ》に入り、藩の重要な職に就《つ》くほうのコースに入っていきました。

ところが、その婿に行く先の娘、つまりお嫁さんになる人と、藩の重役とが悪い関係にあったり、実は、その重役が、いろいろと賄賂《わいろ》をもらって裏で悪いことをしていたりするらしいということが分かってきます。

「彼はそういう相手と結婚するらしい」と知り、北川景子演じる主人公はやや心配していたのですけれども、案《あん》の定《じょう》、その悪い重役が、婿入りをして重要な職に就いた、ナンバーワンの剣豪だった彼を罠《わな》にかけました。

その重役は、江戸城《えどじょう》に行って藩主の奏上《そうじょう》をする彼に、その手順を教えたのですが、嘘《うそ》の手順を教えて恥《はじ》をかかせたわけです。その結果、彼は「藩の面子《メンツ》を潰した」ということで、江戸の藩邸《はんてい》で切腹《せっぷく》しました。

その知らせを聞いて、主人公は、「これは、おかしい」と思い、自分が婚約している人に相談します。

その人は、二枚目でもないし、剣豪でもないけれども、政治的な動きができる方だったので、いろいろ調べてくれたところ、「どうも、罠にハマったらしい」ということが分かるのです。

ほんの一回、試合をしただけの仲ではありましたが、「やはり許せない」ということで、主人公は、その重役が賄賂をもらっているところなどを調べ上げ、場所を指定して、「○○の刻《こく》に、そこで会いたい」というような書状を送ります。そして、稽古着《けいこぎ》を着、真剣を持って、女一人で向かうのです。

ところが、相手は一人ではなく、実は四人でした。重役は、手下の男性を三人連れてきていたのです。

主人公は、その三人と戦い、全員を一刀のもとに斬《き》り伏《ふ》せたのですが、自身も利《き》き腕《うで》である右手を斬られます。そして、最後の相手である重役も、そこそこの強さではあったため、剣を飛ばされてしまいました。

しかし、「危《あや》うし!」というところで、父親からもらっていた守り刀の懐刀を出し、一突《ひとつ》きで相手を刺《さ》し殺したのです。

「四人全員を一刀のもとに斬っている」ということで、翌日から、「これはものすごい剣の達人だな。いったい誰の仕業《しわざ》だろう」と噂《うわさ》になるのですが、犯人は分からないまま、また主人公は花見に行きます。

そして、婚約している男性は、お笑い風の人だったのですが意外に政治家で、四人も斬った彼女と上手に結婚してくれました。

さわやかな感じで、「女剣士が剣豪に〝化《ば》け〟て、ササッと敵を斬り、また元に戻っていく」という物語です。「花のあと」という題ですが、ちょっと味わいが残りました。

この映画で、彼女の名前がだいぶ上がったようですし、殺陣《たて》の稽古を九カ月もしたとのことではあります。

「武士道」や「義《ぎ》」という言葉に惹《ひ》かれる理由は過去世《かこぜ》にある?

大川隆法　その二年ぐらいあとに、NHKのドキュメンタリー「輝《かがや》く女」にも出ていました。初めてだったかもしれませんが、「彦根《ひこね》の居合《いあ》い抜《ぬ》きの道場に三日ほど通って練習する」というのをやっていたと思います。

彼女の先祖は、彦根藩の武士だったようで、なぜかは分かりませんが、負けたほうの石田三成《いしだみつなり》に惹《ひ》かれるものがあるというようなことも言っていました。「義《ぎ》」というものを非常に大事にしている人らしく、「武士道や義という言葉にはすごく惹かれるんです」というようなことも述べていたので、「魂《たましい》のきょうだい（*）のなかに男性もいるのではないか」という予感がしないわけではありません。

＊ 人間の魂は、原則として6人で1つのグループをつくっており、それを「魂のきょうだい」という。魂のきょうだいは順番に地上に生まれ変わってくるが、その際、魂のきょうだいの一人が守護霊を務める。

ただ、〝剣豪談〟になってもいけないので、今日は、できれば、男性のほうは出てこないようにしていただき、女性のほうでお願いしたいなと思っています。

（北川景子の写真集『27 KEIKO KITAGAWA』〔＊〕のページをめくりながら）確かに、ファッションモデルをしていても、目《め》力《ちから》がけっこう強くて、キリッとした動きをしていますから、そうしたところを見ていると、ある意味で、剣豪のような面があるのかもしれません。

ちなみに、本人自身は、「自分は、クールビューティーみたいに言われるのだけれども、やや不本意だ」「そんなにクールじゃないんだけどなあ」ということを言ってはいます。

＊『27 KEIKO KITAGAWA』（北川景子 著／ SDP）
「ファンの皆さんに普段の自分を見ていただきたい」という思いを込めて、27歳の誕生日に発売したファースト写真集。パリと東京で撮影。デビューからの10年間を振り返ったロング・インタビューも収録。

また、特殊《とくしゅ》なメイクでも有名で、メイクに憧れる方が多いようです。キリッとしたメイクをして、動きもピリッとしていて、目力があるので、そのあたりに、ある種の「クールなもの」を感じる人もいるのかもしれません。

女優・北川景子の守護霊《しゅごれい》を呼び「人気の秘密」に迫《せま》る

大川隆法　彼女は、「カメレオン型の女優」を目指しているそうですし、もちろん、女優として、悲しい役や楽しい役、強い役などをいろいろ演じ分けている「役をもらった北川景子」も、なかなかよいとは思います。

ただ、トークをしているときの、生《なま》の本人の姿を見ると、私としては、やはり、「実物の北川景子」のほうが、どちらかといえば好きです。「ああ、こういう人なんだ。けっこういいかな」と思うところがあります。

彼女は、去年（二〇一四年）、「女性が選ぶ〝なりたい顔〟ランキング」で第一位になっているし、過去にも、二回ぐらい選ばれているようです。

また、幸福の科学から出している若者向けの小冊子「ヤング・ブッダ」で紹介《しょうかい》されていた人気ランキングでも三位になっていますし、「メイクを真似《まね》したいと思う有名人ランキング」（二〇一四年）でも三位ぐらいになっています。

そういう意味で、トップレベルの女優であることは間違いないでしょう。

前述のように、実は宗教的な背景もあるようだし、使命感も持っておられる方ですが、いったい何を使命としてやっておられるのか。このあたりも含《ふく》めながら、「人気の秘密」に迫《せま》っていきたいと思います。

（質問者に）やはり、「なぜ人気があるのか」を知りたいですよね？　ただ、

「生まれつきです」と言われたらギブアップで、これについてはしかたがありません(笑)。単なる選別以外に方法はないのですが、あるいは、それ以外のものがあるかもしれないので、今日は、このへんを探れたらと考えています。

私の前置きは、その程度にしまして、お呼びしたいと思います。

彼女は、一九八六年八月二十二日生まれですが、これは、ちょうど、私が会社を辞《や》めて、『太陽の法』(幸福の科学出版刊)を書いていたころだったと思います。そのころにお生まれになった方である北川景子さんは、どのような使命を持たれているのでしょうか。訊いてみたいと思います。

美人女優ですので、できれば、女性の過去世《かこぜ》で、守護霊《しゅごれい》をしている方をお願いしたいと思っていますけれども、(手を一回叩《たた》く)希望が叶《かな》えられますように。

（手を一回叩き、合掌《がっしょう》をする）それでは、人気女優である北川景子さんの守護霊をお呼びいたしまして、さまざまな芸能関係についてのコツ、その他、お教え願いたいと思います。

北川景子さんの守護霊よ。

北川景子さんの守護霊よ。

どうぞ、幸福の科学 教祖殿《きょうそでん》にお出《い》でいただいて、われわれに、その心の秘密をお明かしください。

北川景子さんの守護霊よ。

北川景子さんの守護霊よ。

（約十秒間の沈黙《ちんもく》）

II Spiritual Interview

北川景子守護霊に
スピリチュアル・インタビュー

1　スカウト

「医者」から「女優」へ、人生のコースが大きく変わった

竹内　こんにちは。

北川景子守護霊　はい。

竹内　北川景子さんの守護霊様でいらっしゃいますか。

北川景子守護霊　はい、そうです。

竹内　はじめまして。本日は、ようこそ、大悟館《たいごかん》にお越《こ》しくださいました。ありがとうございます。

北川景子守護霊　いえ。どういたしまして。関心を持っていただきまして、ありがとうございます。

竹内　いえ、こちらこそ。今日は、北川景子さんの人気の秘密をいろいろ伺《うかが》っていきたいと思いますので、どうぞよろしくお願いいたします。

北川景子守護霊　うーん。人気あるんですかねえ？

竹内　今、女性の憧《あこが》れの的《まと》ですので。

北川景子守護霊　セーラームーンだったんですけどね。

竹内　ええ。でも、その後も、モデルとして数々の雑誌に出られていますし、今、映画やドラマなどで北川さんの姿を見て、「私も、あのようになりたい」と思う女性がたくさんいらっしゃる状況《じょうきょう》です。

北川景子守護霊　メイクの人の腕《うで》がいいんでねえ。

竹内　（笑）

北川景子守護霊　実物より、ずっとよく見えるんですよ。あと、写真家の方の腕も、とってもいいんですよねえ。

私は、本当に、普通《ふつう》の神戸《こうべ》育ちの女性だし、勉強で何とか仕事に就《つ》こうとしてた人が、偶然《ぐうぜん》、スカウトされて、モデルになって……。まさか、それが本業《ほんぎょう》になるなんて思わなかったので、こちらの道に入るとは思わなかったんですけどね。

何か人助けをしたくて、志《こころざ》してたんですけど、人生のコースがグーッと曲がっていくような感じで。医者になるのと女優とでは、だいぶ違《ちが》ってしまったので（苦笑）、どうなんですかねえ。

スカウトされたのは「神様のお導き」？

竹内　では、北川さんの、モデルとしての出発点のあたりから、お話を進めていければと思います。

北川景子守護霊　ええ、ええ。

竹内　北川さんが芸能界に入るきっかけは、スカウトですね？

北川景子守護霊　ええ。

竹内　先ほど、大川総裁からも説明がありましたが、勉強面でなかなかうまくいかず、悩《なや》んでいたときに、モデルへのスカウトがあり、北川さんは、それを、「これは、私に対する神様からのお導きだ」というようにもおっしゃっています。

北川景子守護霊　うん。

竹内　最初に伺いたいのは、「スカウトされる方は、どういったオーラ、雰《ふん》囲気《いき》を持っている方なのか」ということです。「スカウトのきっかけを得るために、神様や天使は関係しているのか」などを含《ふく》めて、北川さんのスタートの時点について、まずお話を伺ってもよいでしょうか。

北川景子守護霊　「パラダイス・キス」（＊）っていう映画があって、これは、進学を目指している子がスカウトされてモデルになる映画なので、まあ、原作はあるんだけれど、私のケースにちょっと似たテーマではあるものなんです。

偶然、誰《だれ》かに見出《みいだ》されなければ、そういうチャンスはないんですけれども。うーん……。どうなんでしょうかねえ。

やっぱり、「人間関係の出会い」みたいなものについては、お導《みちび》きのようなものを感じるんですよ。この世の

＊ 映画「パラダイス・キス（Paradise Kiss）」
（2011 年公開／ワーナー・ブラザース映画）

中は、神様のお導きでできているような……、全部、そういうふうに見えるんですよね。だから、やっぱり、「偶然はない」という感じはします。

それぞれの人に「きっかけ」は用意されている

北川景子守護霊　それに、私たちはみんな、「生かされている存在」だと思うので、その意味で、それぞれの人が、いちばんよりよく生きられる道に入るきっかけを、用意してくれてるんじゃないかなあと思います。

「女医になりつつ、女優になれるか」といっても、まあ、そういうこともあるかもしれないけど、遠回りになるのは間違いないとは思いますので。

「何か世の中のためになりたい」という気持ちはあったので、確かに、モデルから芸能界入りしたわけだけど、多くの人たちに見てもらうかたちで、みんなの支えになるような生き方をしたいなという気持ちはあります。

今、私は、女性の方々からの憧れを受けているのかもしれませんし、そういうことがいいことかどうか分かりませんけれども、みなさまがたに、何か夢や希望を与《あた》える、そういう「導きの光」になれるんだったら、うれしいなと思っています。

この世の中は、

神様のお導《みちび》きでできているような……、

全部、そういうふうに見えるんですよね。

だから、やっぱり、

「偶然《ぐうぜん》はない」という感じはします。

北川景子守護霊の
スピリチュアル・ビューティー・メッセージ

2 オーディション

「セーラームーン」のオーディションでの〝芋版伝説《いもばん》〟とは？

竹内　スカウトのときは、まさに運命の女神《めがみ》が微笑《ほほえ》んだときだったと思います。トップに上がっていく方は、やはり、そうしたチャンスをつかんでいかれていると思うのですが、その「きっかけ」というのは、どのように見えるものなのでしょうか。

北川景子守護霊　何か、でも、偶然《ぐうぜん》……。いや、個人的には、偶然にも近いような感じに見えるんですよね。

だから、「一生懸命《いっしょうけんめい》、何か準備して、やった」という感じではなくて、ひょいひょいと巡《めぐ》ってくるような感じで。

まあ、すごく不遜《ふそん》な感じかもしれませんけれども、オーディションみたいなものは、落ちないんですよね、妙《みょう》に。不思議に落ちないんですよ。不思議に、「一回で通ってしまう」っていう。

あれが不思議なんですが、ただ、実力だけではないような気が、どうしてもしてしかたがない。

例えば、「セーラームーン」のときだって、ご存じかもしれませんけど、「何か特技を披露《ひろう》してくれ」というようなことがあって、ほかの人は、みんな、もう開脚《かいきゃく》から始まって、いろいろな特技をいっぱい見せていって……。

「何か得意なものがあったら持ってきてください」って言われていて、私、水泳はできたんですけど、プールを持っていくわけにはいかないので。

それで、持っていくものがなくて、〝芋版伝説《いもばんでんせつ》〟っていうのができたあれですけど、「芋版ができます」って言って。嘘《うそ》だったんですけど（笑）。嘘だったっていうか、まあ、芋版をつくったことはなかったんですけども、苦し紛《まぎ》れに、何か持っていくものはないか探したら、何もない。

ちょうど、美術で彫刻《ちょうこく》をやっていたので、木を彫《ほ》っていたんだけれども、まあ、芋を彫ったことは実はなかったんだけど、サツマイモがあったんで、これを持っていって「芋版が彫れる」って言ったら、何か特技があることになるかもしれないっていうことでもう、失敗したときのための用意で、（サツマイモを）半分に割って、二個持っていって。

そして、たまたま面接された人に……、まあ、持ち時間は一分半から三分くらいの間だったと思うんですけど、「何でも彫りますよ」って、ちょっと啖《たん》呵《か》を切ってしまって。

それで、「名刺を見せてください」って、相手の名刺をもらったら、たまたま左右対称《たいしょう》の名前だったんで、それを彫り上げて（＊）。判子をつくものを持っていってたんで、（芋版にスタンプ台でインクを付けて押《お》すしぐさをしながら）こうやって押して、「ほら、芋版できたでしょ？　差し上げますよ」みたいにやったら、（審査員《しんさいん》の人たちは）それを見て、顔を見合わせて、「ほう」って。「セーラームーンのオーディションで芋版を持ってきた」っていうんでね（会場笑）。

＊　北川景子はテレビのトーク番組でもこのエピソードを紹介している。オーディションの持ち時間が短かったので審査員の名前はカタカナで彫ったが、左右対称の「キ」という字が入った名前であったとか。

「落ちても芋版《いもばん》。受かっても芋版」と思っていた

北川景子守護霊　みんなは、ほかの特技を一生懸命、見せてたんですが、（私は）それをやったんです。

で、帰りの新幹線のなかでは、「どうせ落ちた。これは落ちたな。落ちても芋版《いもばん》。受かっても芋版だ」と思って帰ってきたんですが（笑）（会場笑）、まあ、合格してたわけなんですけどね。

うーん、そういうのは何なんでしょうね。

だから、プールは持っていけないし、ほかの特技が何もなかったので、たまたまひらめいたものでやったのが、相手にとっては意外性があったんでしょう。

ほかにも、オーディションを受けた方はたくさんいらっしゃる。みんな美人だし、格好もいいし、いろいろ、それは、新体操みたいなのをやってみたり、逆立《さかだ》ちしたり、回転したり、楽器を吹《ふ》いたり、いろいろなことができる人がたくさんいたと思うんですが、〝芋版〟っていうのは、さすがになかったみたいなので（笑）（会場笑）。

まあ、それで通ってしまって、それも、実際は一回も彫ったことがないのがね。

もし、難しい字の名前の人が出てきた場合だったら、ちょっと、これは、たぶん〝アウト〟だったと思うんです。逆《さか》さまに彫れるわけがありませんので。「たまたま彫りやすい名前だったので彫れた」っていう、これはもう「運がよかった」としか言いようがなかった。

買われたのは「度胸のよさ」と「変わっているところ」？

北川景子守護霊　ただ、実力があったとしたら、その、本当は芋版を彫るのは生まれて初めてだったのに（笑）、「彫れます」と啖呵《たんか》を切って、短時間の間に目の前でやってみせたっていうところの、「度胸《どきょう》のよさ」みたいなのを買ってくれたのかなと。

それと、「ちょっと変わっているなあ」っていうところ、何か変わっていることが、この人……。

まあ、向こうが考えているのは……、「ちょっと変わったことやってくれ」とか、「頼《たの》みにくい演技だけど、こういうのをやってくれ」と言われたときに、尻込《しりご》みする人がいるじゃないですか。それと、むしろ、「やったことないけど、やってみます」って言ってくれる人がいるじゃないですか。だから、「一部は、そういう人がいてもいい」と思って、本格派の女優なんかじゃなくても、「変わったことをやってくれ」って言ったら、「分かりました」って言って、やってくれる人も少し欲《ほ》しいんじゃないかと思うんですよね。そのマーケットに、たぶん当たったんですよ。

それで入ったのが、やっぱりチャンスの始まりで、けっこう遅《おそ》いんですよ。十七歳《さい》ぐらいで、「セーラームーン」から入っているのでね。女優歴、タレント歴としては、みんな、もっと子役から出ている人が多いので、やや遅い。モデルをちょっとやったのと、そのぐらいからなので、遅いのは遅いんですよ。

一瞬《いっしゅん》の運命の分かれ目でチャンスをつかめる人とは？

北川景子守護霊　（竹内に）街を歩いていたら、あなたなんかも、よく声がかかるでしょう、転職するような。「いらっしゃいませんか、モデルで」って……。

竹内　（笑）いや、かからないです。

北川景子守護霊　かかりませんか？

竹内　はい。

北川景子守護霊　普通《ふつう》かかるでしょう、渋谷《しぶや》辺《あた》りだったら。

竹内　いや、かからないです（苦笑）。

北川景子守護霊　だから、チャンスはいっぱいあるんだと思うんですけど、そのときに、何ていうか、一瞬《いっしゅん》の判断かな。一瞬の判断と機転みたいなもので。

そういう一瞬の判断と機転で、「たまたま相手が好印象を持つようなものが一瞬で出せるか」、あるいは、「全然違《ちが》うようなものを出してしまうか」みたいな、こういうところに「運命の分かれ目」みたいなところがあるのかなって……。

竹内　それをオーディションでは、どのようにして一瞬で見抜《みぬ》くのですか。

北川景子守護霊　分かりません。これは、もう本能に近いものだと。

竹内　ああ、本能ですか。

北川景子守護霊　たぶん本能に近いと思います。

だから、「セーラームーンに、芋版はさすがにないなあ」と、自分もいまだに思います（笑）。あんなので運が開けたのかと思うと……。

だから、ちょうど阪神《はんしん》・淡路《あわじ》大震災《だいしんさい》で、家がみんな倒壊《とうかい》していったなかで助かった、あの偶然みたいなものと同じような偶然かなあと思います。

3　スピリチュアル・パワー

相手のハートをつかむ「キラッと光るもの」とは？

北川景子守護霊　ただ、「信じる力」はとっても強いので。何かこう……、私、祈《いの》るんですよ。「神様、お願いします」って、祈る癖《くせ》があるので、その祈りに応《こた》えて、助けてくれているような気はしますねえ。

竹内　オーディションが始まる前にお祈りをされている？

北川景子守護霊　ずっと前からです。オーディションが始まる前なんかじゃないです。

竹内　あっ、ずっと前からですか。

北川景子守護霊　ずっと前から祈るんです。いつも祈る癖があるので。お役を頂くときとか、何か新しいことを始めるときに、成功とか、あるいは、一緒《いっしょ》にやる方々が、「怪我《けが》なく、無事にうまくいきますように」「成功しますように」って、どうしても祈願《きがん》する癖があるんですよねえ。

竹内　そのように祈っておいて、また、普段《ふだん》の努力を重ねておくと、オーディションのときに、一瞬《いっしゅん》で、「今、これが」って……。

北川景子守護霊　そう。いいところが出せるところがあるし、まあ、もしかしたら、相手に、実物じゃない、カメラに収《おさ》まっている自分じゃないものが見えているのかもしれません。

竹内　ああ、なるほど。

北川景子守護霊　そういうものが何か……。何か精神的なものでしょうね。精神的なものがキラッと光って、見えるところがあるのかもしれません。「何かハートのどこかをつかむのかなあ」という気はします。

「迷い」があった学生時代

竹内　「セーラームーン」が終わってからは、明治大学に行きながらお仕事をやっておられたので、なかなか学業と仕事の二つを両立できなくて……。

北川景子守護霊　そうなんです。本当に苦しくてねえ。

竹内　そうですよね。

北川景子守護霊　「もう、やめようかな」と思ったり、ちゃんとした就職？　三年生のときは、もう就活《しゅうかつ》をみんなしてたからね。

　だから、就職したほうが安定するし、「これでは食べていけない。この仕事の量では、とても食べていけない」っていうので、本当に悩《なや》んだんですよねえ。

竹内　このとき、「オーディションも百本ぐらい落ちた」と、ご自身でもおっしゃっています。

北川景子守護霊　ああ、うーん。

竹内　ただ、このあと、明大《めいだい》を卒業されて、女優業に専念されてからは、先ほどおっしゃっていたように、オーディションにも落ちなくなったのですね。

北川景子守護霊　そうなんです。落ちないんですよ。

竹内　これは、何が起きたのでしょうか。

北川景子守護霊　うーん。やっぱり、（大学時代は）「迷い」があったからですかねえ。

それと、落ちる理由は、学業のほうで、スケジュール的に取れないことがあって、撮影《さつえい》に応じられない部分があるから、そこの部分で、どうしても積極的に言えないところがあったので。

やっぱり、みんなの都合《つごう》に合わせなきゃいけないじゃないですか、撮影とかはね。「夏休みと春休みにならできます」みたいなのでは、ほかの人がやっぱり困るっていうことがあるし、監督《かんとく》さんだって、休んでいるわけにはいかないしね。

まあ、そういうのがあったのかなと思う。そのへんが出てたのかなあ。ちょい役で時間を取らないものは、いろんなものがチョロチョロできたんですけどねえ。

だから、「百本は落ちた」と言われると、ちょっと、まあ……ガックリするようなことを、もう。

竹内　（笑）すみません。

北川景子守護霊　せっかく、「落ちない」って言ってるのに、言わないでくださいよ、もう。言わないでくださいよ、そんなの（笑）（会場笑）。

竹内　（苦笑）そうですよね。すみません。でも、ご自身でおっしゃっているんですけれどもね。

北川景子守護霊　いや、言わないで……（笑）。本気でやったときは、一回も落ちてないんです。全部、きちんと通ってるんです。

竹内　では、本気のときは、先ほどおっしゃったように、お祈りをしたりして、神様のご加護《かご》を受けながらなので落ちないと。

北川景子守護霊　ええ、落ちてないんです。

一人でいるときに涙《なみだ》が溢《あふ》れてくる理由とは？

竹内　そうしますと、日々、どのような自己研鑽《けんさん》をしていけば、オーディションで、神様のご加護を受けられるようになるのでしょうか。

北川景子守護霊　やっぱり、何か仕事と仕事の合間《あいま》に、暇《ひま》が取れるときというか、自分を見つめ直す時期みたいなのがあると思うんですよね。

そういうときに、神社仏閣《ぶっかく》なんかで、しっかり心を清《きよ》めることが大事なんじゃないでしょうかねえ。

竹内　「心の清め」ですか。

北川景子守護霊　うん。そうです。私は、何かご加護を頂いている感じがとっても強いので。

竹内　ちなみに、そのご加護というのは、どういった方々から受けていらっしゃるんですか。

北川景子守護霊　うーん……。まあ、いろんな方に愛されているような感じがして、何か、ときどき一人でいると、胸が熱くなって、もう涙《なみだ》が溢《あふ》れてくるんですよねえ。

だから、「一人だけ」というんじゃなくて、神様がたから愛されている感じが、とっても……。

竹内　神様がたからですか。

北川景子守護霊　うん。愛されている感じが、とてもします。もしかしたら、認識していない方もいらっしゃるかもしれませんけれども。

何か仕事と仕事の合間《あいま》に、

自分を見つめ直す時期みたいなのが

あると思うんですよね。

そういうときに、神社仏閣《ぶっかく》なんかで、

しっかり心を清《きよ》めることが

大事なんじゃないでしょうかねえ。

北川景子守護霊の
スピリチュアル・ビューティー・メッセージ

4 内なる声

「日本一になれ」という〝声〟が聞こえてくる？

竹内　何か「お言葉」として届いてくるものはあるんでしょうか。

北川景子守護霊　「日本一になれ！」っていう〝声〟が、よく聞こえますね。

竹内　「日本一になれ」？

北川景子守護霊　うーん。「日本一になれ。とにかく、日本一になれ」って言うんです。そういう声が聞こえてくるんですよ。

竹内　はあ……。それは、なぜそのように……。

北川景子守護霊　分からない。なぜかは分からないけど、「日本一になれ」っていう声が聞こえてくるんですよ、いつも。精神統一すると、「日本一になれ」っていう声が聞こえるんですよ。

だから、「日本一になれ」っていう声が聞こえてくると、居合《いあ》いの練習や殺陣《たて》の練習をしていても、そういう気持ちになってくるし、トップモデルの役をやっても、「日本一になれ!」っていう声が聞こえてくると、「やっぱり、私は日本一のトップモデルなんだ！」って思って、「そういうふうになりたい！」という気持ちが強くなるんですよね。

竹内　ああ、そうすると、その思いが、北川さんの演技や魅力《みりょく》になってくるわけなんですか。

北川景子守護霊　そうなんです。だから、いろいろ（本などが）出てますけど、顔に書いてある。（『女優メイクPartⅡ《パートツー》』のカバー写真の自分の顔に指で文字を書くしぐさをしながら）「日本一になれ」って書いてあるんです（笑）。

竹内　（笑）なるほど。

北川景子守護霊　「思い」が出てきているんですよ。

「日本一になれ」という言葉に込《こ》められた願い

小田　「天は二物《にぶつ》を与《あた》えず」という言葉がありますけれども、北川景子さんの場合は、二物も三物もお持ちじゃないかなと思っております。

北川景子守護霊　ああ、そうですか？　いやあ、そんなことはない……。

小田　まず、「女性が選ぶ〝なりたい顔〟ランキング」で二年連続ナンバーワンになっていらっしゃいまして……。

北川景子守護霊　ああー、どうなんですかね（苦笑）。それは……。

小田　それから、スタイルがよくて、モデルでも成功されて……。

北川景子守護霊　（少し困った表情で）いや、もう勘弁《かんべん》してくださいよ。もう……。

小田　今、女優としても、本当に評価がどんどん高まっておられますけれども……。

北川景子守護霊　いや、それは、もう、ものの見方ですから、見方によって、どうにでもなるので（苦笑）。

小田　いえ、いえ。

北川景子守護霊　それは、もう、日本中の女性の体型《たいけい》を全部、コンピュータで処理して、「これが日本でいちばんいい」っていうような、そんなことは絶対ありえないので。やっぱり、雰囲気《ふんいき》とか、印象とか、そういうものですよ、どうしてもね。

小田　「この先、自分はもっとこうなりたい」とか、「自分に不足している」とお感じになるものは、まだございますか。

北川景子守護霊　うーん、「日本一になった」という自覚があるところまでは、どうしても行きたいですねえ。

何で「日本一」と認識されるかは、まだ分かりませんけど、「近いところにまで上がってきつつある」ということは分かっているんです。

まあ、あるものによればトップランキングまで行っているし、あるものにいけば三十番以内ぐらいには入っているとか、いろいろありましょうけれども。

うーん。この「日本一になれ」っていうのは、何ていうかねえ、「自分のために日本一になれ」っていうわけじゃなくて、「日本のみなさんのための希望になれ。希望の星になれ」っていう感じかなあ。

まあ、山下智久《やましたともひさ》さんなんかとも共演したことがあるけど、言ってみれば「あしたのジョー」みたいなもので（笑）（＊）、「みんなの希望の星になれ」っていうような感じかなあ。何か、そんな感じです。

だから、何かは分からないんだけど、「何かで日本一にならなきゃいけないんだ」という感じが強くして、しかたがない。

小田　ああ。

＊　ジャニーズの山下智久は、映画「あしたのジョー」（2011 年公開／東宝）で主人公・矢吹丈《やぶきじょう》を演じた。北川景子とはドラマ「ブザー・ビート～崖っぷちのヒーロー～」（2009 年／フジテレビ系列）等で共演。また、明治大学商学部で北川景子の１年先輩であった。

北川景子の胃は「異次元ポケット」!?

小田　そうした「日本一にならなくてはいけない」という思いが、やはりエネルギーになっていくのでしょうか。

北川景子守護霊　エネルギーは、食欲《しょくよく》が旺盛《おうせい》なので（笑）、少しそちらに関係があるかもしれません。食欲が男性を超《こ》えているので。ええ、男性以上なので。あなたがたも、一日六食とか九食とか、食べられないでしょ？

小田　（笑）

北川景子守護霊　食べちゃうので、私は。

小田　ああ、そうですか！

北川景子守護霊　ええ。まあ、体力仕事ですからねえ。

もうたぶん、あれだと思うんですよ。私の場合は、ドラえもんの〝異次元ポケット〟が胃袋《いぶくろ》になっているんだと思うんです。

だから、食べても食べても異次元に移行していくみたいで、たぶん、これは〝お供《そな》え物《もの》〟なの。食べてるものが、神様へのお供え物になっているので。「九食、食べている」っていうのは、あと二人分ぐらいのお供えを、たぶんしてるんだろうと（笑）、思ったりするんですけどねえ。

この「日本一になれ」っていうのは、

「自分のために日本一になれ」

っていうわけじゃなくて、

「日本のみなさんのための希望になれ。

希望の星になれ」

っていう感じかなあ。

北川景子守護霊の
スピリチュアル・ビューティー・メッセージ

5 人生観

阪神《はんしん》・淡路大震災《あわじだいしんさい》で実感した「生」と「死」

小田　北川さんは神戸《こうべ》出身で、小学校二年生のときに、阪神《はんしん》・淡路大震災《あわじだいしんさい》を経験されました。

北川景子守護霊　いや、そうですよ。そう。

小田　非常に多感なときに、本当に「人生がどうなるのか」ということを考えなくてはいけないほど、大きな大きな体験をされたと思うのですけれども、その後の人生、特に、女優業において、そうした体験の影響《えいきょう》は何か大きく出ていますでしょうか。

北川景子守護霊　まあ、もちろん演技のなかで、「生」と「死」を分かつような場面っていうか、愛する人の死とか、いろいろなそういうものは出てきますからねえ。

そういうときに、多少、実感として出てくるものは、やはり、（当時の）光景のなかで見た……。要するに、自分は、周りが焼け、家が崩《くず》れ、人が死んでいく、あるいは、まだ死んでいない途中《とちゅう》の人、それから、死んだ人、知っている人たちが亡《な》くなっていった姿を見てきたので。

そのなかで、哲学《てつがく》的かもしれないけど、「なぜ生き残ったんだろう」って、ずっと考え続けていて、そこから厭世《えんせい》主義的な哲学を考えてもいいんだけれども、そうじゃない、もうちょっと「希望の哲学」のようなものを自分なりに見つけたかったし。やはり、「何か自分なりに、生かされた意味を、その答えを見つけたい」っていう答え探しの旅を、ずっとやってたので。

女優業のなかでつかんだ「一期一会《いちごいちえ》」の気持ち

北川景子守護霊　「女優」っていう仕事のなかにも、そうした、人生を描《えが》く面がそうとうありますので、小説家がいろいろな人の人生を描くように、女優もそれなりの人生を描けるのでねえ。

例えば、先ほど言ってくださった（映画）「抱きしめたい」なんかでも、人生の幸せの絶頂期《ぜっちょうき》のなかで、はかなく亡くなっていく悲劇のヒロインの役をやりましたけども、実際にあった方の話ですので、もう何度、思い出しても涙《なみだ》が溢《あふ》れてきますよね。

「その方の代わりを演じているんだ」と思うと、やっぱり自然と、「手を抜《ぬ》いちゃいけない」というか、「失礼があってはいけない。一生懸命《いっしょうけんめい》やらなきゃいけない」っていう気持ちが出てきますので、そういう感じが、観《み》てくださる方に伝わればいいなあと。

まあ、さまざまな人生があるし、人生の長い短いは人それぞれだけれども、「それぞれに、みんな一期一会《いちごいちえ》なんだ。一期一会で生きているんだ」っていうのかなあ。

だから、とっても生意気《なまいき》な言い方で申し訳ないんですけど、まあ、「武士道」なんかもとても好きなんですが、何か桜の花のように、「もう明日《あす》は散る命」と思っても、「今日一日、いっぱいいっぱい、お日様を受けて輝《かがや》きたい」っていう、そんな気持ちですかねえ。

「一期一会」。若いのに、こんなことを言ったら、何か「尼《あま》さんになれ」って言われそうで、ちょっと言いにくいんですけど（笑）、そんな感じがしています。

小田　はい。ありがとうございます。

桜の花のように、

「もう明日《あす》は散る命」と思っても、

「今日一日、いっぱいいっぱい、

お日様を受けて輝《かがや》きたい」っていう、

そんな気持ちですかねえ。

「一期一会《いちごいちえ》」。

北川景子守護霊の
スピリチュアル・ビューティー・メッセージ

6 素顔《すがお》

「私、意外に〝待っている女〟なんです」

愛染　こんにちは。よろしくお願いします。

北川景子守護霊　よろしくお願いします。（愛染に対して）脚がとても美しい方ですねえ。

愛染　ああ、ありがとうございます（笑）。

北川景子さんは、「一面では、すごく人見知りな方でいらっしゃる」というように、書物には書いてありますけれども……。

北川景子守護霊　そうなんです。

だからねえ、誤解されるんですよ。何か近づきがたい女性みたいに思われることが多いんだけど、近づきがたい女性じゃなくて、私には意外に内気なところがあって、シャイなんで、自分からは、実は声をかけにくいタイプなんです。「自分のほうから積極的にPRしていって、売り込《こ》んでいく」みたいなのは、そんなに得意でなくて、待っているタイプなんですよ。

だから、男女の関係でも、待っているタイプの女性だから、意外にクラシカルなタイプだし、作品をつくっていても、監督《かんとく》さんから意見を言われるのをじっと待っているほうです。

自分からは積極的に、「監督、どうですか。この演技でいいですか。こうしたほうがいいですか」みたいに訊《き》くタイプじゃなくて、言われるのをじっと待っているタイプなんです。

私はそうなんですけど、それが何か、少しニヒルな感じに見えるのか、近づきがたいように見える方もいるらしくて、ちょっと、得しているのか損しているのか、私、分からないんですけどもね。

待っている。待っている。意外に〝待っている女〟なんですよ（笑）。ごめんなさい。

「さっぱり系」「さばさば系」と言われるけれど……

愛染　演技では、すごくさっぱりした、あるいは、強いといいますか……。

北川景子守護霊　ええ。「さっぱりしている」、そう言われるんです。「さっぱり系」と言われるんですけどね。

愛染　それは「素《す》ではない」ということでしょうか。

北川景子守護霊　うーん、そうなのかもしれないけど……。そういうふうにもなれるんだけど、うーん、何だろうねえ。

何か、この世で生きていて、例えば、道行《ゆ》く人たちは、いろいろいるけど、同じ世界に生きておりながら、同じ世界を歩いていないような気がするんですよ。自分が何か違《ちが》う世界を歩いているような気がちょっとして……。

だから、その分、やや魂《たましい》が遊離《ゆうり》している感じがあるので、何か、声をかけられて、ハッとするまで分からないようなときがあることが多くて、一瞬《いっしゅん》、気《き》後《おく》れすることがあるんですね。

だから、「さばさば系」と言われるんだけど、まあ、そういうところもあるんですけど……、うーん、どうなのかな。

これは、たぶん、自己分析《ぶんせき》するに、〝秀才《しゅうさい》のなり損《そこ》ね〟なんじゃないかと思います。

秀才は完璧《かんぺき》主義で、「完全無欠な自分を人前で見せたい」と思うけど、自分がそうでない場合は、やっぱり見せたくないじゃないですか。隠《かく》したい。「隠して、しこしこと勉強して、準備して、百点になってから、できるところをアピールしたい」っていうところがあるじゃないですか。

そういうものの〝なり損ね〟みたいな部分があって、「完成していないところを見せたくない」っていう。まあ、いわば、「メイクが完成するまでは、人には写真を撮《と》られたくない」（笑）っていう気持ちと一緒《いっしょ》ですかね。

だから、素のままでいい場合は、けっこう気楽にやれるところもあるんですけど、やっぱり、モデルみたいなところからスタートしたからかもしれないですが、見られるときに、何か「ピシッと決めなきゃいけない」みたいな気持ちもあるのかなあ。

何か、そういうところがあって、そのへんで、「真剣《しんけん》でやるときと、木刀《ぼくとう》でやるときとは違う」っていうような感じが、自分であるのかなあ。
　答えになってませんね。すみません。

愛染　いえいえ。

「普段着《ふだんぎ》のままで家庭にいれば、普通の娘《むすめ》だと思う」

愛染　でも、北川景子さんは、女性にも男性にも、ものすごく人気がある女優さんなんですよ。

北川景子守護霊　ああ、そうなんですかねえ。

愛染　俳優さんというのは、この世に二つとない個性で演技をされています。それで認められて人気が出てくるので、本当に二つとない個性で勝負をされているのだろうと思います。

ご自分から見て、北川景子さんのほかにはない個性や付加価値というのは、どこにあると感じられますか。

北川景子守護霊　うーん……、分かんない……。

いや、実はかなり〝つくられて〟いますからね。プロがいっぱいついてますから。

（写真集『27 KEIKO KITAGAWA』の表紙を見せながら）いろいろつくってますしね。顔をつくり、映像をつくり。私なんかより、ずーっと才能のある方々が、衣装《いしょう》から顔から、いろいろつくってくださっているし、それからシーンも美術的に美しく見えるようにつくってくださっているので、もしかしたら、普段着《ふだんぎ》のままで家庭にいたら、普通の娘《むすめ》なのかもしれないと自分では思っています。

だけど、周りが一生懸命《いっしょうけんめい》、（私が）最高の自分を出せるように頑張《がんば》ってくれるので、それに応《こた》えたいなあと思っているんですけど。

先ほど、大川先生がいみじくもおっしゃってましたように……。「ターゲットに入っていなかった」とおっしゃったんですが、うーん、心の内を読むと、「たいして美人だと思ってなかった」という意味だと思うんですよね。

愛染　（苦笑）

北川景子守護霊　「『北川景子の顔は美人だ』というふうには、私は思っていませんでした」と告白されたんじゃないんですか（笑）。

ところが、最近、「ある種の調査で、なんか人気があるらしい」っていうことを知って、「ええ!?　そうなの？　忘れてた。じゃあ、ちょっと調べてみようかな」ということで、最近、急にパラパラと調べ始められたんじゃないかなあと。

だから、ある種の方々には、まったくターゲットにされてないし、美人に見えないけど、別の人たちには美人に見える。

要するに、つくられた美しさ、イミテーションを美しいと感じる人たちには美人に見えて、イミテーションをあっさり見破ってしまって、まったくそんなものには騙《だま》されないタイプの人には美人に見えないいんだと思う。だから、ここの総裁は、私なんかを見ても、美人に見えないいんだと思う。「これはつくった顔だ」「つくった美人だ」とサッと思っちゃうから、全然、美しく見えないいんだと思うんですよね。きっとね。

7 演技

「数多くいる美人」と「北川景子」の違《ちが》いとは

愛染　そうおっしゃいますけれども、北川景子さんは美人でいらっしゃいます。ただ、世界中を見ると、美人はたくさんいると思うんですよ。

北川景子守護霊　そりゃ、そうでしょうね。

愛染　それにご自身も、努力もなさっただろうとは思いますけれども、同じように、みんなも努力しているわけです。

北川景子守護霊　ああ、そうなんですか……。

愛染　そういう意味で、同じように努力をしている人もたくさんいるにもかかわらず、北川景子さんには、これほどたくさんのファンがついて、男性、女性に支持されているわけです。この幸運はどこから来ているのでしょうか。

他の人とまったく違《ちが》うところが実はあって……。

北川景子守護霊　だから、さっきから言ってますように、私は神様を信じているんです、はっきり。

今の世の中では、そういうことは、あんまりはっきりしない方が多いし。まあ、芸能界では、実は旅先では信仰心《しんこうしん》があったり、「霊的《れいてき》なものを信じてる」っていうような人もいることはいて、よく出会う……。まあ、率《りつ》は多いと思います。芸能界は一般《いっぱん》の世界に比べて、そうした信仰心とか、霊的なものを信じてる方の率はかなり高いと思います。

それは、たぶん演技してるうちに、いろいろなものを感じるからだと思うし、撮影《さつえい》の前によく願掛《がんか》けしたりもしますしね。もう大勢《おおぜい》のスタッフ一同で事故がないように願掛けしたりすることもあるので、そういうふうな風習がついてくるのかもしれない。縁起担《えんぎかつ》ぎをする方も多いしね。まあ、それもあるのかもしれないし、やっぱり、みんな、目に見えないものの指導を受けてるような感じを持ってる方が多いんじゃないでしょうかね。

あと、「運がつくか、つかないか」みたいなもの？　このへんの感じを持ってる人が多いのもあるんだと思いますが。

まあ、私も霊感体質といえば、たぶん、霊感体質なんだと思うので。職業上の宗教家ではないから、よくは分からないんですけど、やっぱり、その作品によっては、「(霊的なものが) かかってきてるな」っていう感じはありますね。そのへんの違いはあるので。

実は、それは写真に写らないものだし、映像に映らないものなんだけど、うーん、何か人の心にはつながっていくものなんでしょうね。このへんを、「オーラ」と表現する人もいるんでしょうけども。まあ、このあたりが数多くいる美人さんのなかで、何らかの役柄《やくがら》をもらって人気が出てくる秘密なんでしょうかね。

（幸福の科学は）芸能界に今、力を入れておられるかと思いますけど、私は、芸能界のほうにも信仰心を立てようとしておられることは、とてもいいことだと思いますよ。多くの庶民《しょみん》の心に気持ちが届くと思いますよ、きっとね。

「自分はまだ、カメレオン型の女優を目指している段階」

竹内　「抱《だ》きしめたい」という映画でのリハビリのシーンなどは、すごい迫《はく》真《しん》の演技だったと思います。

先ほど「霊体質」とおっしゃっていましたが、北川さんは、その役と向き合いながら、役そのものになっているような感じもします。実際、主人公のモデルとなった、つかささんの本当のお母様は、車椅子《くるまいす》を器用に操《あやつ》って、顔をクシャッとさせて笑う北川さんの演技を見て、どんどんつかささん本人に見えてきて涙《なみだ》ぐんだそうです。

北川さんは、そのくらいの迫真の演技ができるわけですが、役に入り込《こ》むためのポイントや秘訣《ひけつ》について伺《うかが》ってもよろしいでしょうか。

北川景子守護霊　でも、女優としては、たぶん、まだ、演技の域が上まで行ってないと思うんですよ。まあ、年齢《ねんれい》がちょっと使い出がいい年齢なので（*）、人気があるのかもしれないけど、やっぱり、往年《おうねん》の名女優たちのいろんな演技と比べてみて、演技としては、まだ十分納得《なっとく》するまでは行ってないと私は思ってます。

その意味では、自分流に演じて通っていくというか、パスしていくようなところまで、とうてい届いていなくて。やっぱり、実在のモデルがあったら、

＊本霊言収録時、北川景子は28歳。

それに近づけていきたいと自分で思うし、時代劇とかで、(役のモデルとなった) 過去の人があったり、原作があったりしたら、そのモデルに自分を近づけていきたいと思うので。

そういう意味で、まだ、「カメレオン型の女優」を目指してる段階なので、おそらく演技論から見れば、トップレベルまでは行ってない、まだまだ修業《しゅぎょう》中の身なんだろうとは思います。

もっと、ほんとに突《つ》き抜《ぬ》ければ、地《じ》のままでやって、北川景子のままで演じて、何の役でもやってしまえるだろうと思うんですね。突き抜ければ、亡《な》くなった方の役をしてても、北川景子でやってしまえるようになるんだろうと思うけど、やっぱり、「北川景子でやってしまおう」と思ってるんじゃなくて、亡くなったモデルの方の気持ちになって、その人の人生を再現して、み

REIGEN Column 1

あの演技派女優の守護霊も語っていた「カメレオン力《りょく》」とは？

菅野美穂《かんのみほ》守護霊　「カメレオン力《りょく》」と言えば、「カメレオン力」ですね。（中略）

（カメレオンなどは）俳優、女優の元なるモデルの一つかと思うんですね。環境に合わせて変わらなくてはいけない。（中略）

やっぱり、人生の万華鏡《まんげきょう》みたいなかたちで、社会のいろいろな面を表せる役になりたいなあと思う。

だから、農家の主婦の役ができたら、次は「婦人警官をやれ」と言われればやれるぐらいの……、うーん、次は「『SP』に菅野美穂でも使ってみようか」と思われるぐらいの、「その程度の役をやれ」と言われたら、役づくりに励《はげ》む自分でありたいなあという気持ちはありますねえ。

Book

『魅《み》せる技術
―女優・菅野美穂 守護霊メッセージ―』
大川隆法 著／幸福の科学出版

more

- **「役が乗り移ってくるとき」の感覚とは？**
- **ファンやスタッフに愛される理由**
- **気になる「過去世」は……？**

んなに観《み》ていただこうとする気持ちで、まだやってるので。

これが演技の極致《きょくち》なのか、あるいは、北川景子が「やりたい」と直感的に感じる演技をやるのが、本当の演技の極致なのか、このへんについては、もう一段上の目を持っている方に訊《き》かないと、今のところ、何にも言えない。

今のところ、「カメレオン型女優」だと自分では思ってます。

「一瞬《いっしゅん》一瞬に命を懸《か》けたい気持ちを持っている」

小田　「女優業」という職業で、いちばん大切なものは、いったい何なのでしょうか。北川さんは、何を大切に考えておられるのでしょうか。

北川景子守護霊　まあ、役柄で殺陣《たて》をやったこともありましたけども、武士道の〝あれ〟は、やっぱり、一瞬《いっしゅん》一秒なんですよね。勝負が一瞬一秒で決まる。一秒ですよね。一秒の隙《すき》で命が終わるし、一秒の隙につけ込んで勝つこともあるし。

「人生は何十年かある」と思ってるかもしれないけども、突如《とつじょ》、大震災《だいしんさい》が来て、命が終わってしまうこともある。それは分からないですよね？　朝、寝《ね》てるうちに起きるかもしれないし、昼かも、夜かも分からない。いつ命が失われるか分からない。車で移動中に交通事故で亡くなることだってあるかもしれないし、何かの火災に遭《あ》うかもしれない。それはもう、いつ終わるか分からない。

そのなかで、私は、「一作一作」とほんとは言いたいところなんですけども、「一作一作」というよりは、そのなかの「一コマ一コマ」っていうかなあ。自分は、「一コマ一コマに命を懸《か》けたい」っていうような気持ちがあるかなあ。
そこに隙があったら、自分で見直してみて、「この演技は、こうすべきであった」っていうか。「ここは演技がすべった。こう演じるべきだった」というものが、見直してみてあったら、とっても悔《くや》しいので。一瞬一瞬に命を懸けたい気持ちを持っているので。
これは女性としては、少し珍《めずら》しいかもしれないので。うーん、なんか笑ってるけど……。

竹内　いえ（笑）。

北川景子守護霊　女性としては珍しいかもしれないんですけど、そんな感じなんで、一瞬一瞬に人生を懸けてるつもりなんですよ。

「一作一作」というよりは、

「一コマ一コマに命を懸《か》けたい」って

いうような気持ちがあるかなあ。

女性としては珍《めずら》しいかもしれないんですけど、

一瞬《いっしゅん》一瞬に人生を懸けてる

つもりなんですよ。

北川景子守護霊の
スピリチュアル・ビューティー・メッセージ

8　女優として

「モデルの仕事」と「武士道」には共通点がある？

竹内　もう一段、北川さんの秘密に迫《せま》っていきたいのですが、映画「花のあと」で、愛する人の仇討《かたきう》ちをする女性を演じる姿を観《み》ていて、その「目力《めぢから》」などは、そう簡単に女性が発揮できるものではないと思います。

先ほど、「武士道への憧《あこが》れがある」とおっしゃっていましたけれども、武士道の心を演技に入れることによって、北川さん独特の目力が出てきていると思うのですが、このあたりについて、もう少し伺《うかが》えますでしょうか。

北川景子守護霊　まあ、ファッションモデルでも、武士道と同じような気がするんです。花道《はなみち》みたいなのを歩いて、行って帰ってくるだけで、観客をちょっと見て、一瞬睨《いっしゅんにら》んで、一瞥《いちべつ》を加えて帰ってくるだけですけど、チラッと睨むだけで、相手が「蛇《へび》に睨まれたカエル」みたいに動けなくなるような、凍《こお》りつくような感じに抑《おさ》え込《こ》む力が要《い》るんですよね。

そういうふうに、よく似ているところがあるんですよ。

だから、見られる仕事だけど、全身を見られてるわけですね。全方位《ぜんほうい》から見られている。ある意味では、敵に囲まれているなかで、剣《けん》を構えて、剣一本で立ってるような感じがあることはあるので、「モデル業」のなかにも、「武士道」を非常に持ち込んでいると、私は思います。自分なりに。

竹内　なるほど。

「普通《ふつう》のおばあちゃん役」でも隙《すき》がない樹木希林《ききききりん》

北川景子守護霊　まあ、そのあたりが出発点だし、「セーラームーン」だって、いちおう、「戦う少女」というかたちではあったし、スタートはそんなところもあったのかなあとは思ってます。

もちろん、今は女優として、演技の幅《はば》を広げていきたいと思うし、だんだんに年を取れば、お母さん役にもなれば、おばあさん役もしなきゃいけなくなるかもしれないと思ってるんですけども、いい意味で、何ていうか、人間力が高まっていくような自分になりたいなあと思っています。

だから、「女の武士道」は、剣が強い、角《かど》のあるタイプだけで完成していくっていうのを目指してるわけじゃなくて、本当の名人になれば、「刀なんか持ってなくても、隙《すき》がなくて打ち込めない」っていうような感じのがあるじゃないですか。ああいうふうに、刀はなくても、「無刀取《むとうど》り」じゃないけど、隙がないタイプになりたいし。

意外に予想外の方なんかが、うーん、例えば、樹木希林《きききりん》さん（＊）みたいな方とか、ああいう方はおばあちゃん役とかでよく出てきてやってるけど、隙がないんですよねえ。

小田　そうなんですよね。

＊ 樹木希林（1943～）
テレビドラマ、映画、CMなどで活躍するベテラン個性派女優。2008年、紫綬褒章《しじゅほうしょう》受章。法華経系の新宗教「希心会《きしんかい》」の信徒としても知られ、芸名「樹木希林」の「希」は、希心会に由来すると言われている。

北川景子守護霊　まったく隙がないですよ。別に剣豪《けんごう》でも何でもありませんけど、普通《ふつう》のおばあちゃん役をやっているだけなんだけど、動きのどこにも隙がないんです。打ち込む隙がまったくないんですよねえ。ああいうのは、すごいなあと思いますね。

だから、これは「演技の世界での武士道」なんだと思います。まったく打ち込む隙がないです、ほんとに。

寺島《てらじま》しのぶに感じる「クールビューティー」

竹内　そういう意味で、北川さんのイノベーションというか、〝異種結合〟は、そこだと思うんですけれども、北川さんが次に求める「武士道の美しさ」というのは、どういうところにありますか。

北川景子守護霊　だから、年を取ったら、「目力」だけでは生きていけないでしょう？（笑）

竹内　それはそうですね（笑）。

北川景子守護霊　たぶん、無理だと思います（笑）。きつい女になってしまうから。「化粧《けしょう》がきついな」って言われるようになるから、それは、当然、変化しなきゃいけないと思いますが。

今は、若い人には、ツッパリ系にも見えるような感じが人気もあるので。まあ、「『クールビューティー』っていうのが不本意だ」っていう言い方もあったんですけど、まあ……、確かにねえ。やっぱり、私みたいなのをクールビューティーと言ってはいけないんで、それらしい人がほかにいると思うんですよねえ。

この前、深田恭子《ふかだきょうこ》さんと共演してた寺島《てらじま》しのぶさんなんかも（*）、そういうクールビューティーなところを持ってますし、ちょっと違《ちが》うタイプがあると思うので、ああいう感じの役はまだできないんですよね。できないので、そういうクールさは出せない。

まだ、「地《じ》で厳しい、ちょっと冷たい面を出してみせる」みたいなところまでは行かないから、役者としては、まだまだ、ああいう人たちのほうが、たぶん上を行ってると思うし。

＊ ドラマ「女はそれを許さない」（2014年放送／TBS系列）で女性弁護士を演じた、寺島しのぶ（右）と深田恭子（左）。制作発表会より。

「多くのプロの目に耐《た》える演技は、まだできていない」

北川景子守護霊　ええっと、あと、そうですねえ、年齢《ねんれい》的に綾瀬《あやせ》はるかさんあたりのところと、今、競合《きょうごう》してるあたりなんでしょうけど、実は「主役級」ではなくても、もうちょっと上の年齢の人では、演技のうまい方がほかにもいっぱいいることはいるんですよね。やっぱり、すっごいうまいところがありますよねえ。

そういうふうなところも出せるようになるだろうかっていうと、まだまだ演技が大きくて、演技の動きにまだちょっと大雑把《おおざっぱ》な動きが多くて、細《こま》かい、細やかーなところを表現し尽《つ》くせないので。

まあ、亡《な》くなった方のお母さんがほめてくださるぐらいはまだいいけど、多

REIGEN Column 2

綾瀬《あやせ》はるか守護霊が語る「憧《あこが》れの女優」とは？

綾瀬はるか守護霊　今はまだ、二十代にギリギリで入ってますけど、これから三十を過ぎて、自分があるかどうかはまだ分からないんです。（中略）

天然だけだと、三十以降が乗り切れないかなあと思うので。

やっぱり、「複雑な演技ができる」とか、「多少無理な注文をしてもやってくれる」とかいうふうなところがないと、生き残れないかなあと思うんで。まあ、ちょっと違った役もできたらいいなあと。深津絵里《ふかつえり》さん風の不思議な演技ができたらいいなあと思ったりすることは多いですね。

〈霊言〉

「景気をよくする人気女優・綾瀬はるかの成功術」より

more

- **なぜ、綾瀬はるかは愛されるのか**
- **ファンが知りたい“素”の綾瀬はるか**
- **人気を引き寄せる「魔法の呪文」とは？**

くのプロの目に耐《た》えるだけの演技は、まだできてないだろうと思います。たぶん、まだ駄目《だめ》だと思います。まだ、外観の化粧《けしょう》やモデル的な美しさみたいなところでそうとうカバーをしていて、役者としての演技そのもので生きていけるところではないですね。

竹内　（自己評価が）厳しいですね。

「手だけの演技」で一週間引っ張った大河《たいが》ドラマ「花燃《はなも》ゆ」

北川景子守護霊　ええ。だから、この前も、NHKの「花燃《はなも》ゆ」（＊）ですか。吉田松陰《よしだしょういん》の妹の何かをやっていましたけど、松陰の〝恋人《こいびと》〟役の方がいらっしゃいますよねえ。えぇっと、高須久子《たかすひさこ》さんですか。

竹内　はい。

北川景子守護霊　（高須久子が）出てくる前の回の最後なんか、（高須久子の）手だけでしたもんねえ。手だけ映ってて、それで終わってましたからね。手だけで出演……。次で出てくるわけですけど、「手だけで出演して終わりになって、手だけで次を観せようとする」っていうのをやってました。まあ、それは監督《かんとく》や周りの"あれ"もあるんでしょうけど。

まあ、私には、「手だけで出演して、一週間引っ張る」っていうのは、それはちょっと、まだ無理かなあ。顔ぐらいは映

＊ 2015年NHK大河ドラマ「花燃ゆ」
吉田松陰の末妹・文《ふみ》を主人公に、幕末から明治維新にかけての激動の時代を描く。主演は井上真央《いのうえまお》。高須久子は井川遥《いがわはるか》が演じている。

らないと、次の週まで引っ張れないような気はするので。「手だけが牢《ろう》から出てる。手だけで引っ張る」みたいなのは、なかなか難しいですよねえ。

だから、私の「部分」だけを映して、それで引っ張るっていうのができるかなあといえば、まだ、難しいような気がする。そういう意味で、まだまだ未熟ですね。

「『自分はこうやりたい』と言い張れるほどの強さはまだない」

小田　撮影《さつえい》の現場で、ご自分の考えと、ディレクターや監督の考えが違っていた場合、どのような考え方をされるのでしょうか。どういった行動を取られますか。

北川景子守護霊　うーん……。まあ、そのへんは実力相応に力関係が変わってくるから、難しいところはあるんだとは思いますけど。

まあ、私も意外に出遅《でおく》れてるので、ここ数年、急速にもてはやされるようになったけれども、芸能歴としては足りないんですよ。「十七でモデルを始めて」っていうような感じは遅《おそ》いんですよね、ほんとはね。子役からやってる方々はみんな、腕《うで》がいいですので。

そういう意味で、まだ、そんなに「争《あらそ》える」っていうか、「自分はこうやりたいんです」って言い張れるほどの強さは、現実にはありませんけれども。

まあ、幸いなことに、周りの方が、できるだけ私が引き立つように演技をさせてくれようと努力されるし、たぶん、能力的に足りない部分は見切られて、「これは無理かな」と思ったら、「もう、そこまででいい」とか見てくれるんじゃないですかねえ。

ドキュメンタリー番組でも紹介《しょうかい》された居合《いあ》いの練習

北川景子守護霊　だから、NHKさんがドキュメンタリーで居合《いあ》いの練習を撮《と》ってくださったこともありますけど、一日目が終わったら、もう手がしびれて（笑）、「やっぱり、実際の日本刀は重いなあ」とか思ってると、三日ぐらいで、「まあ、このへんにしときましょうよ」みたいな感じにしてくれますので。どんどん難しくなってくるところまではやらないで、やめといてくださいますけど。

こちらがいくらでも乗っていけば、「もっともっと」となったり、最後まで行けば、「俵斬《たわらぎ》りまでやれ」とか言われたりするところまで、たぶん行くんでしょうけどねえ。まあ、そこまでは要求されませんでした。基本的なかたちだけで止《と》めといてくれましたので、そこまで要求はされませんでしたね。まあ、監督のほうが強く要求したら、やっぱり、やらなきゃいけないんですけど。

それは、見世物《みせもの》としては、そちらのほうが面白《おもしろ》いでしょうねえ。「北川景子、居合いで俵斬りに挑戦《ちょうせん》」とかいって、バスーッとか、人体を斬って飛ばすように、俵を斬って飛ばすところなんかをやったら、絵になりますよね？　これは面白い。物語としては面白いけど、練習を見て、「あそこまでやるのは、たぶん無理だな」ということで、(刀を) 抜《ぬ》いて納めるぐらいのところで許してくださるのがありがたいですね。

三十歳《さい》を超《こ》えても残る女優の条件とは？

北川景子守護霊　まあ、今のところ、周りの方《かた》が優《やさ》しくて、「モデル出身の女優だから、それほど細かい演技はできまい」と思って諦《あきら》めてくださってるところもあるので。

「モデルとして成立してれば、何とか主役として面子《メンツ》が保てる」と思うところで許してくださってる。周りの目はそうだと思う。

私としては、先ほど言ったように、一生懸命《いっしょうけんめい》、手抜《ぬ》きはしてないつもりでやってるんですけど、周りは、たぶん、私の能力とかを見切って、「このくらいまでで、まあ、いいでしょう」というところで、許してくださっているんじゃないでしょうかね。

　だから、芋版《いもばん》を彫《ほ》って、それで（オーディションを）通してくれる方もいるけど、「芋版なんかじゃ駄目ですよ、あなた。もっとほかの人のやってることを見なさいよ。ここでバク転くらいしなさいよ」とか言われたら、それなりにきついですよね。「はい、バク転やって」とか、「例えば、『腕立て伏《ふ》せを五百回やる』とか、何かやりなさいよ」とか、もし言われたら、急に大変になりますよね。

　そういうことはありますけど、「ある程度のところで許してくださる」ということがあるので。私は一生懸命なんですけど、その未熟なところを、みなさんがたが、まだ許してくださっているのかなあ。

　でも、きっと三十を超《こ》えたら、許してくれなくなるかなとも思ってます。年齢がもうちょっと上で、まだ生き残っておられる女優さんの場合は、やっぱり演技がうまいです。細かい演技がとってもうまいですね。だから、まだまだ勉強しないと、とてもじゃないけどついていけないですね。

年を取れば、お母さん役にもなれば、

おばあさん役もしなきゃいけなくなるかも

しれないと思ってるんですけども、

いい意味で、

人間力が高まっていくような

自分になりたいなあと思っています。

北川景子守護霊の
スピリチュアル・ビューティー・メッセージ

9 「魅《み》せる」コツ

相手に短所を感じさせないための、演技のレッスンとは？

愛染　「出遅《でおく》れている」ということを、今、少しおっしゃっていましたけれども……。

北川景子守護霊　ええ。そのとおりです。

愛染　スターになる前に、いろいろなレッスンをたくさん受けられたと思うのです。そのレッスンのなかで、「これは大事だった」と思われるレッスン、もしくは、「これをしておくべきだった」と思われるようなレッスンがございましたら、ぜひ、お教えいただければと思います。

北川景子守護霊 （ため息をつく）それは……、なかなか難しいですね。

やっぱり、自分の弱点のほうに、あまり目を集めさせないようにしなきゃいけないところがあると思うんですよ。それぞれ、みんな持ち味があって、長所・弱点があると思うんですけど、弱点のほうに、あまり目が集まらないようにすればいいと思うんです。

綾瀬《あやせ》はるかさんだったら、胸にみんなの視線が集まったって構わないんですよ。胸に視線が集まるような演技をなされて、「おっ！」って、みんなが見ておられますけど……。

愛染　（笑）

北川景子守護霊　私の場合は、そこに視線が集まってはいけない。そこに集まらないで、「手足」のほうに視線が集まらないといけないんですよ。

小田　ああ。そういうものなんですね。

北川景子守護霊　「手足」とか「目力《めぢから》」とか、そちらのほうに視線を集めなきゃいけないんですよ。私のほうは、胸のほうに、みんなの視線が集中すると駄目《だめ》。これは駄目。綾瀬さんは、そちらのほうに集中されるといいんです。オッケーなんですよ。

だから、それぞれ長所・短所があるから、短所のほうに目が集まって意識させるんじゃなくて、できたら、強いところのほうに視線を集めるようにするっていうか、そういう意味での、「聴衆《ちょうしゅう》の視線のコントロール」が、やっぱり、いちばん大事なところじゃないでしょうかね。

自分がいちばん見せたいと思うところに、人の目が集まってくるように誘《ゆう》導《どう》する演技の練習が、いちばん難しいところだと思います。「ありのままを見ていただく」ということは大事なことですけども、実際は、ありのままに、つぶさに見られると、やっぱり、弱点はあります。

REIGEN Column 3

守護霊が語る
キムタク流「視線コントロール」術

木村拓哉《きむらたくや》守護霊　（俺は）そのへんのねえ、視線コントロールはうまいんだよ。

本当は、演技の全部をつぶさに見られると、ヘマはあるんだけど。そういうのにこだわる人もいるよ。つぶさに隙《すき》なく、全部、完璧《かんぺき》に演じる人もいるけどね。

俺は、あるところは演じているけど、あるところは演じていないところがあって（笑）、視線を、そちらの「演じてないところ」に行かないように持ってくるのがうまいんだと思うな、たぶん。

Book

『俳優・木村拓哉の守護霊トーク
「俺《オレ》が時代《トレンド》を創る理由《わけ》」』
大川隆法 著／幸福の科学出版

more

- **トップを走り続ける秘訣とは？**
- **キムタクの「過去世」には女性がいる!?**
- **SMAPメンバーの魅力を分析**

愛染　なるほど。

オールマイティーな女優も、オールマイティーな男優もいない

北川景子守護霊　ですから、女性でも、例えば……、そうですね。年を取れば、顔はきれいだけど、首のシワが気になる女優さんとかはいますよね。そうしたら、やっぱり、なるべく、首のところは意識させないようにしなきゃいけない。

また、頭の毛が気になる男性もいらっしゃる。そうすると、やっぱり、頭のほうに視線が集まらないように、ほかのところに視線を集めなければいけないわけだから、そういう方は、心持ち、手の動きや足の動き、身の動きが、ややオーバーになって、そちらのほうに視線を集めようとなされますね。

あるいは、口で戦おうとなされる。あるいは、頭のよさみたいなので相手を感心させて話に引き込《こ》むことで、頭の毛の薄《うす》さとかのほうに、視線を行かせないようにする。

「みんな、それぞれ自分のいちばん強いところのほうに視線を集める」というところが、けっこう大事なところなんじゃないでしょうか。やっぱり、「その強みで戦う」というところですよね。

でも、これは、知っておかないといけないことで、オールマイティーな女優とか、まあ、それは男優もそうですけども、そういう方はいないので。みんな、強みもあるけど、弱いところは必ず持っているんですよ。それを上手に使い分けないといけない。

「強み」に印象を集めることに成功した佐藤健《さとうたける》

北川景子守護霊　「るろうに剣心《けんしん》」（二〇一二年・二〇一四年公開映画）に出演された佐藤健《さとうたける》さんで言えば、ストリートダンス風のブレイクダンス、あいう回転するようなダンスができる部分を剣で象徴《しょうちょう》されてますが、それを知らない人は、あれがすごい剣に見えるはずです。

ただ、そういう強みもあれば、普段《ふだん》は、草食系《そうしょくけい》の、すごく優《やさ》しいタイプの方じゃないですかね。

両方とも、それぞれ、いい面なんですけども、この間には、はっきりと断層があります。この草食系の優しい顔を持った、「〇〇でござるよ」と言っている感じと、そうした、ものすごく速い動きで剣技《けんぎ》をするところとの落差《らくさ》が、すごくある。
その両極端《りょうきょくたん》を、ちゃんと見せるけど、その「中間帯《ちゅうかんたい》」のところを細《こま》かくはブレイクダウンさせないというか、割って判断させないようにするところが、大事だと思うんですよね。

小田　うーん。

北川景子守護霊　ここだと思うんですよ。「その強みのところに、みんなの印象を持ってくる」というところがある。
だから、全部のところの演技を分析《ぶんせき》されたら、やっぱり、それはちょっと、たまらないと思いますね。

それぞれ、みんな持ち味があって、

長所・弱点があると思うんですけど、

弱点のほうに、

あまり目が集まらないようにすれば

いいと思うんです。

北川景子守護霊の
スピリチュアル・ビューティー・メッセージ

10 女優の苦労

「主役の座を取ったら、抜《ぬ》かされないように走らないと駄目《だめ》」

小田　人気が高まれば高まるほど、逆に、周りからの嫉妬《しっと》が多くなるのではないかと思うのです。

北川景子守護霊　ああ……。

小田　インターネット上で、あることないこと書かれたり、実際に、ご自身の周りにも、快《こころよ》く思わない人が現れたりするのではないかと思います。

北川景子守護霊　そうですねえ……。

小田　そういった嫉妬の思いを跳《は》ね返す、あるいは、それを起こさせない秘《ひ》訣《けつ》というものは、何かあるのでしょうか。

北川景子守護霊　まあ、嫉妬されるところまで行くのも、大変なんですけどね、実際（笑）。

小田　はい（苦笑）。

北川景子守護霊　嫉妬してほしくても、嫉妬してくださらないことが多くて、一般《いっぱん》的なところで嫉妬を受けるのでも、なかなか、十人に一人も行かないところですけど、こうしたスターの世界で嫉妬を受けるとなると、率《りっ》的には、もっともっと難しくなってきますからね。

ただ、こちらは脇役《わきやく》程度しかできなかったのが、そうした人気ランキングが上がれば上がるほど、自分より先にスタートを切ってるとか、自分より先に主役をやってる方とが逆転して、こちらが主役になってくる。そのようなときっていうのは難しいですよね。

これは、マラソンで言ったら、追い抜《ぬ》いていくときですけど、こちらが主役になって、向こうは脇役になったり、こちらが脇役になって、向こうが主役になったりと、「抜いたり抜かれたり」というのが延々《えんえん》と続くようであっては、この業界では、もう、もたないんですよ。

やっぱり、「主役を張れるなら張れる」と。主役を張れるものがあって、「この人が出たら主役を張れる。女性でも主役なら『北川景子』と、トップで映画に名前が出て、男性が主役でも、二番目、三番目に名前が出てくる」と、こういうふうになる。

また、同じようなトップ女優、主役を張れる方がいた場合には、「どっちが主役で、どっちが脇役か」って迷うはずなんです。制作側は迷うんですよね。迷いますし、やっぱり、「主役に合う映画」というかたちでコンセプトはつくりますから、この主役の座を取ったら、もう、レーサーの〝あれ〟と一緒《いっしょ》で、抜き去ったら抜かされないように走らないと駄目《だめ》なんです。

だから、それぞれ〝別のレース〟に出る。あるいは、ボクシングや空手《からて》と同じように、〝階級別の世界〟に出て、〝同じ階級〟ではぶつからないようにしないといけないんです。

まあ、まずは、大きなターゲットは無理ですけど、「その世界では、この人が主役を取ったら、ほかは、もう越《こ》せないな」っていうのをつくらないといけない。

女優同士で〝火花《ひばな》が散る〟ときとは？

北川景子守護霊　ある意味では、私が主役になったときに、主役を取れなくて脇役なんだけど、十年先輩《せんぱい》、十五年先輩で、演技がずっとうまい方もいますよね。この人と組み合わせた場合に、「北川景子の演技の下手《へた》さが見える」っていうんだったら、これは組めないですね。

「こちら（北川景子）を立ててやりたい」というような気持ちを持ってる方と組む場合だったらできますけど、「実は、自分のほうが腕《うで》が上のところを見せたい」っていう気持ちを持っておられる方が脇役で組まれた場合は、やっぱり、相性《あいしょう》が悪くなってきます。だから、そのへんは難しいですよね。

最近、宮沢《みやざわ》りえさんが、「紙の月」（二〇一四年公開映画）で主役をされてましたけど、美人で有名だった方ですから、年齢《ねんれい》は私よりだいぶ上になりますけれども、「宮沢りえさんを脇役に使って、私を引き立てようとする」ってなると、やっぱり、火花《ひばな》は散りますよ（*）。向こうにも、〝二十代のプライド〟が残ってますからね。それなりに難しいとは思いますよ。

だから、脇役をするなら、大きく外《はず》さないと、脇役で引き立てられない。も

＊ 北川景子と宮沢りえは、映画「謎解きはディナーのあとで」（2013年公開／東宝）で共演している。

っと美人で、主役を張れる方を脇役に持ってくるとなると、それなりの火花は散ります。

まあ、これを「嫉妬」というかどうかは分かりませんけれども、やっぱり、このへんのところで、多くの制作人たちは頭を痛めるんでしょうけどね。

だから、ちょうど今、ライバルになってるあたりのところでは、「どっちを上に持ってくるか」みたいなのは、とっても難しいだろうと思います。

今であれば、例えば、綾瀬《あやせ》はるかさんや井上真央《いのうえまお》さんとか、あのあたりの方々ですね。あのあたりのレベルの方々にぶつけられると、やっぱり、火花は、絶対、必ず散りますからね。

その配役がうまく分かれていればいいですが。「ライバル役で対決」みたいな感じだったら、まあ、それなりにいいかもしれません。ただ、そうではない感じの人の組み合わせだったら、もっと難しくなってくるでしょうね。

だから、その「嫉妬をかわせるかどうか」なんていうのも、そう簡単に分かることではないんです。結果的には、「大勢《おおぜい》の人の人気が得られるかどうか」だし、実際は、番組とか、そういう作品を制作する人たちが、適度にグレード分けをしてくださるので。

共演男優との間に生じる「微妙《びみょう》な力関係」

北川景子守護霊　それから、もちろん、男性ともペアで組みますから、「主役が、これと組んでうまくいくかどうか」みたいなものにも、微妙《びみょう》な力関係はありますよね。

例えば、「謎解《なぞと》きはディナーのあとで」（＊）なんかは、嵐《あらし》の

＊ドラマ「謎解きはディナーのあとで」
東川篤哉《ひがしがわとくや》の同名小説を2011年に連続テレビドラマ化（フジテレビ系列）。2012年にスペシャルドラマが放送、2013年には映画版（東宝）が公開された。

櫻井翔《さくらいしょう》さんが、すごく頭のいい役でご出演なされてましたけど、ああいうのが、意外に難しいんですよ。

櫻井さんは、もともと頭のいい方ではあるけれども、頭のいい方が、さらに頭のいい役として出てるんですよね。「謎解きをする執事《しつじ》」ということで。執事だから、お嬢様《じょうさま》である私を立てるタイプ。「執事はお嬢様より前に出ちゃいけなくて、必ず後ろに控《ひか》えていなきゃいけない」という感じになるんだけど、実は、名探偵《めいたんてい》風に必ず謎解きをされる。いろいろとシャーロック・ホームズ張《ば》りの謎解きをする、すっごい頭のいい役をされてるんですよね。それは、慶応《けいおう》卒よりも、ずっと頭のいい役だと思いますよ(*)。

私がそれと組む場合に、綾瀬はるかさんならできるような(役を)……。ちょっと、これを言ったら怒《おこ》られる。嫉妬されるといけないから、ちょっと、

* 北川景子が明治大学商学部を卒業しているのに対し、嵐の櫻井翔は慶応義塾大学経済学部を卒業している。

〝あれ〟なんですが……（笑）。

愛染　（笑）

北川景子守護霊　いや、私でも、私なりの〝ボケ役〟をしなければ……。ちょっと、ボケたところを見せなきゃいけないんですけど、本当は、あんまり私には似合わないんですよ。

まあ、〝天然《てんねん》〟のところは、本当は、ちょっとあるんです。天然のところはあるんだけど、天然のところを大きくクローズアップしたら、実は、私は「平凡《へいぼん》な女」になっちゃうんです。天然のところはやはりあるんですが、天然にフォーカスしたら、役どころとしては、値打ちがグッと下がるんです。

だけど、彼があんまり賢《かしこ》い役をされると、その天然の部分を演じてるうちに、やっぱり、ちょっと、「自分の魅力《みりょく》の出し方が難しいなあ」っていう……。「美人だけど、バカなお嬢さん」みたいな役に徹《てっ》するって、そんなに簡単ではないんですよね。

まあ、ある意味で、裏で、「慶応 対 明治の戦い」が起きてるのかもしれませんけど(笑)。「男の慶応 対 女の明治では、どっちが賢いんだ」みたいなのが裏ではあるのかもしれませんけど、そのボケ役が、なかなか、そう簡単にはできなくて。

もう、彼の賢《かしこ》さが目立ちすぎて、私のボケとの組み合わせが、そう、ずーっと、うまくピシッとは合ってなかったかなあという感じはありますね。ああいうものは、意外に難しいなあと思います。

“天然”のところは、本当は、

ちょっとあるんです。

天然のところはあるんだけど、

天然のところを大きくクローズアップしたら、

実は、私は「平凡《へいぼん》な女」に

なっちゃうんです。

北川景子守護霊の
スピリチュアル・ビューティー・メッセージ

11 知的オーラ

「知性」を求める心がどこかに残っている

愛染　北川さんはとてもお美しいので、美の秘訣《ひけつ》について、少しだけ、質問させていただきたいのですけれども。

北川景子守護霊　はあ……。

愛染　「女性が選ぶ〝なりたい顔〟ランキング」第一位を、何回も獲得《かくとく》されています。

北川景子守護霊　（首を大きく左右に傾《かし》げながら）どういうことなんでしょうね。どういうことなんでしょうか。

愛染　「美」と言っても、すごく大きな範疇《はんちゅう》になりますので、「すべてを語る」ということは難しいかもしれませんが、北川さんが、「美」において、最も心掛《こころが》けていらっしゃることで結構でございますので、教えていただければと思います。

北川景子守護霊　いやあ……、この世界にいると、私ぐらいの人は幾《いく》らでもいるんですよ（苦笑）。本当に幾らでもいるので。

うーん……、そうですね……。なんか、ドキュメンタリーで、すっぴんも撮《と》られたんですけどね。まあ、いちおう、「すっぴんとメイクしたのと、顔が変わらない」と言ってくださる方もいらっしゃるんで、ありがたいですが、まあ、見る目がそんなにないんだろうと思いますけど（笑）。「変わらない」と言う方もいてくださるんですが……。

顔もつくるんだけど、そうだね……。

うーん……、たぶんですね、たぶん、私の推測ですけど、実際は、受験勉強なんかで成功しなかったので、その自己実現はできなかったんだけども、本当は、女医さんになりたいぐらいの知性を求めていたことは事実であるので、そういうものが余《よ》韻《いん》として、なかにちょっと残ってるんですよね。体のなかに残ってるんです。だから、ほかの女性から見たら、才色兼備《さいしょくけんび》に見えてるようなところが、たぶん、あるんじゃないかなと思うんですよ。

外見も女性らしくて、頭もよくて、女性としたら、いちばん憧《あこが》れるような姿に見えてるのかもしれないけども、本当は、この程度の頭は、よくあるぐらいの、普通《ふつう》の、どこにでもあるぐらいの頭なんです。頭は普通なんですけど、求めてた知性への要求水準は、もっと高かった。ずっとずっと高いものだったので、その、「ずーっと高い要求水準を求めてた」っていう感じが、何となく残ってるんですよね。

「〝わさび〟の利《き》いたパンチ力のある顔」？

北川景子守護霊　それと、「適度に〝わさび〟の利《き》いたパンチ力のある顔」

っていうかね、ちょっと強気のメイクをしますので、その〝わさび〟の利いたパンチ力のあるメイクのつくり方と、この知性を求めている感じのブレンドの具合が、何となく、「女性の憧れ感」みたいなのを引き出しているのかなあっていう気はするんですけどねえ。どうでしょうか。

愛染　はい。それは、総合力で出来上がっているということが、よく分かりました。やはり、お化粧《けしょう》だけではない、眉毛《まゆげ》を描く角度だけではない、「内面からのオーラ」というのがとても重要で……。

北川景子守護霊　まあ、もちろん、眉も、度胸《どきょう》がないと引けないラインもありますからね。

愛染　ええ。

北川景子守護霊　「ここまでやるか」「引けるか」っていうラインは、やっぱり、あることはあります。「気が弱いと引けないライン」はあるので。
　まあ、そのへんが、「あそこまでやるかっていうラインを引く」っていうところに、女性から見て、「おお、強気だなあ」と思うようなところも、あるいは、あるのかもしれませんけどもね。

役者同士の〝オーラ合戦《がっせん》〟がある？

愛染　北川景子さんの守護霊様にとって、「オーラ」というものは、どのようなものだと感じていらっしゃいますか。

北川景子守護霊　うーん。分からないけど、剣《けん》を構えたときに、「相手のほうが強そうか、それとも、自分のほうが強そうか」っていうのは、構えてしばらくすると分かるような感じがしますけど、それと同じように、人と会っても、「どっちが主役で、どっちが脇役《わきやく》になるべきか」っていうようなのは、〝オーラ合戦《がっせん》〟のような気がするんですよ。

「どちらが主役で、どちらが脇役に回るべきか」っていうのは、人と人が会ったときに、何となく、磁石《じしゃく》の力みたいな感じで感じてしまうので、たぶん、オーラというのは、「実戦で打ち合わなくても、実力のほどを感じ取るようなものかなあ」っていうふうな感じがしますね。

「あっ。この人、私よりうまい」とかね、「ああ。映像に撮ったら、たぶん、この人のほうがよく映る」とか、まあ、そんな感じですかねえ。

「明治天皇や出雲大社《いずもたいしゃ》に惹《ひ》かれるものがある」

竹内　そんな北川景子さんの「オーラの出所《でどころ》」と言っては失礼なのですが、その「オーラの源泉」には、どういうものがあるのかを伺《うかが》っていきたいと思います。

今日は、冒頭《ぼうとう》からずっと、神様の話をされていますけれども、北川さんが認識されている神様というのは、どのような神様で、どのような教えを説いていらっしゃる方なのでしょうか。

北川景子守護霊　明治神宮《じんぐう》にも、ずいぶん願掛《がんか》けで通いましたので、何か、明治天皇には、ずいぶん惹《ひ》かれる……。

竹内　ああ、明治帝《てい》ですか。

北川景子守護霊　うーん。明治天皇に惹かれるから、たぶん、日本神道《しんとう》系の神様のほうにつながってはいる……。出雲大社《いずもたいしゃ》にも惹かれるものがあったので、まあ、日本神道系のほうの神様の影響《えいきょう》が大きいのかなあとは思っておりますけれどもね。

「何において日本一を目指すのか」の答えは見つかっていない

竹内　「日本一になれ」とおっしゃったのは、天御中主神様《あめのみなかぬしのかみさま》（＊）なのですか。

北川景子守護霊　うわあ、それは、うーん、どなたかなあ……。どなたの声なんでしょうかねえ。

でも、外から来るような感じでもなくて、自分の内からも響《ひび》いてくるようにも聞こえるので。どこから来てるのかなあ。

うーん……。でも、何だか、職業を抜《ぬ》きにして、使命として、「日本一を目指せ」っていうのが、どうしても出てくるんですよね。

神様の声なのか、自分の内なる声なのかは分からないんですけど、それが、

＊天御中主神　日本神道の中心神。『古事記』では、「天地《あめつち》の初めに、神々の世界である高天原《たかまがはら》に最初に現れた神」とされている。

何度も何度も聞こえてくるので。どういう使命なのかなあ。うーん……。どういうふうになれれば、私は日本一になれるんでしょう?

竹内　いやあ、それは、神様に訊《き》いていただいたほうがいいかと思うんですけれども（笑）。

北川景子守護霊　何をもって、「日本一」って言ってるのか分からないけど、「日本一になれ」という声なんですよ。自分なりに、それの答えを見つけなければいけないので。

何をもって、日本一とするのか。まあ、「あらゆるもので日本一」なんてありえないことですので、何かでもって「日本一になれ」と言っているんだと思うんですが、神様は私に、何でもって「日本一になれ」とおっしゃっているのか。この答えを見つけなくてはならない。

答えは、まだ見つかっていないんです、実は。見つかっていないので、まだ、「求道《ぐどう》の道」を歩いてるだけだと思うんですけどねえ。

12 生まれ変わり

過去世《かこぜ》では、「北条政子《ほうじょうまさこ》を知っている」

竹内　それでは、北川景子さんの使命を知る上で、転生《てんしょう》の秘密に迫《せま》っていきたいと思います。

北川景子守護霊　うーん。

竹内　今、お話しいただいている方は、女性の方だと思うのですけれども。

北川景子守護霊　ええ、ええ。

竹内　いつの時代の方でしょうか。

北川景子守護霊　うーん……。時代でいくと……、鎌倉《かまくら》時代かなあ。

竹内　鎌倉時代ですか。

北川景子守護霊　うん、うん。

竹内　鎌倉時代の初期のころですか？

北川景子守護霊　うーん……（約五秒間の沈黙《ちんもく》）。まあ、初期と言えば初期だし……。初期と言えるのかなあ。

私、北条政子《ほうじょうまさこ》さん（*）を知ってるんですよ。

竹内　ああ……。

北川景子守護霊　うん、北条政子さんを知ってる。

＊ 北条政子（1157 ～ 1225）　鎌倉幕府の初代征夷大将軍《せいいたいしょうぐん》・源《みなもとの》頼朝《よりとも》の正室。頼朝の死後に出家して尼となるが、卓越した政治手腕を発揮し、北条氏による「執権《しっけん》政治」の確立に道を開いた。「尼《あま》将軍」とも呼ばれる。

竹内　北条政子さんを見たことがあるのですか？

北川景子守護霊　知ってるというか、妹（阿波局《あわのつぼね》）だったかなあ。

竹内　（驚《おどろ》いて）妹!?　北条政子の妹ですか？

北川景子守護霊　うん、うん。妹だと思う、たぶん。うん、姉は「日本一」になったんですよ。

竹内　そうですね。はい。

北川景子守護霊　ある意味で、日本一になったんですけどね。

うん。北条政子の妹だったような気がします。ですから、源頼朝《みなもとのよりとも》と結婚《けっこん》し損《そこ》ねた女性です。

竹内　あっ……、はい、はい、はい。

北川景子守護霊　ええ。（源頼朝からの）私への恋文《こいぶみ》を姉に取られて（笑）。頼朝を取られたのは私。

竹内　あまり聞くと〝あれ〟なので、このくらいにしておきましょうか（笑）（会場笑）。

Episode

北条政子《ほうじょうまさこ》と妹の間で行われた「夢買い」

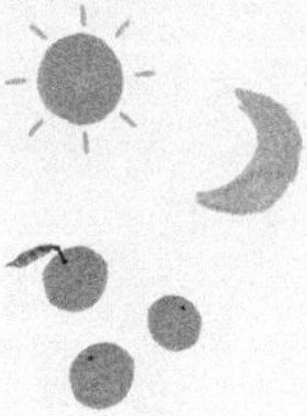

ある日、北条政子の妹（後《のち》の阿波局《あわのつぼね》）が不思議な夢を見た。それは、「どこだか分からない高い山に登って、光り輝く太陽と月を左右の袂《たもと》に入れ、蜜柑《みかん》の実が３つついた枝を髪の毛に挿《さ》す」というもの。

政子はそれが吉夢《きちむ》であると見抜《みぬ》き、夢を手に入れたいと願った。そこで、「それは災《わざわ》いを招く夢だから、私が買ってあげる」と言って、妹が前から欲《ほ》しがっていた鏡と着物を与え、その夢を買った。

その後、源 頼朝《みなもとのよりとも》が政子の妹に恋文を出すが、使いの者がその恋文を政子のところに届ける。

こうして、吉夢が現実となって政子と頼朝は結ばれ、政子は初代征夷大将軍《せいいたいしょうぐん》の妻となった。

阿波局《あわのつぼね》（？～1227）

鎌倉時代初期の女性。本名は不明。父は初代執権北条時政。姉は源頼朝の正室となった北条政子。頼朝の異母弟《いぼてい》である阿野《あの》全成《ぜんじょう》に嫁《とつ》ぎ、男の子を１人もうけた。後に第3代征夷大将軍となる、頼朝と政子の子・源実朝《さねとも》の乳母《うば》でもある。

北川景子守護霊　これはまずいんじゃないですか、この話題は（笑）。

日本一を目指しているのは、過去世《かこぜ》の「悔《くや》しさ」があるから？

竹内　はい、じゃあ、ちょっと次の……。

北川景子守護霊　だから、これが日本一になれなかった悔《くや》しさかもしれませんが。

竹内　日本一に……。はい。

北川景子守護霊 でも、私のほうが美人だったんですけどね。

竹内 そうなんですね。

北川景子守護霊 頭は向こう（北条政子）のほうがよかった。

竹内 確かに北条家は、執権《しっけん》政治によって日本一となりました。

北川景子守護霊 うん、そうなんです。日本一は近いんですよ。もしかしたら、私は日本の征夷大将軍《せいいたいしょうぐん》の妻になっていた可能性があったかもしれないのに、姉のほうが頭がよかったので、まんまと「夢」を買われて、持っていかれたんですよね。

竹内　はい、分かりました。では、ちょっと、次の……。

北川景子守護霊　私が見た夢について話したら、姉が、「あっ、それは悪い夢だから。人に売ると、悪い夢は移る」って言って、買われてね。そしたら、それは、実はいい夢だったのにねえ。まんまと、頼朝公《こう》はあちらのほうに持っていかれてしまった。

竹内　ただ、北条政子さんのために見た夢かもしれませんので。

北川景子守護霊　まあ、そうかもしれません。よく分かりませんが、何か、日本一になり損ねたので、日本一を目指してるのかなあ。

竹内　うーん、なるほど。

北川景子守護霊　今、（守護霊として）来ている私は、北条政子と関係のある魂《たましい》です。

「武士道」に憧《あこが》れる理由とは？

竹内　やはり、今日お訊《き》きしたいこととして、「武士道」のところが、すごく気になるのですが。

北川景子守護霊　ああ、なるほどね。

竹内　「武士道」は、北川さんの魅力《みりょく》の一つでもあると思うんですけども。

北川景子守護霊　まあ、鎌倉時代だから、そういう武士の時代が起きたときだし、ある意味では、武士道の始まりでもありましょうから。何ていうか、「剣《けん》」と「禅《ぜん》」ですよね。「剣と禅の時代」ですから。

竹内　はい。

北川景子守護霊　そういう意味で、日本が「男性的な文化」を開いた時代で、この「侍《さむらい》文化」が、今の日本の、一つの大きな伝統なんじゃないでしょうか。

竹内　そうですね。

北川景子守護霊　剣と禅ですよね？　「剣禅一如《けんぜんいちにょ》」（＊）みたいな、こういう文化が、日本の世界に誇《ほこ》るべきものかなとは思うので。

まあ、そういう精神的なものには惹《ひ》かれていましたね。

＊ 剣禅一如　江戸時代の禅僧・沢庵和尚《たくあんおしょう》が、徳川家の兵法指南役であった柳生宗矩《やぎゅうむねのり》に説いた教え。「剣と禅は、その道を極めれば同じ境地に達する」ということ。剣豪・宮本武蔵《むさし》も、この境地を目指したとされる。

北川景子を指導している男女の神様

竹内　先ほど、〝オーラ合戦《がっせん》〟という話でも、「剣と剣を合わせる」とおっしゃっていたと思います。（守護霊とは）やや違う視点を持たれている方がご指導されているからこそ出る、「北川さんの魅力」があるのかと思うのですが、その方というのは、どんな方なのでしょうか。

北川景子守護霊　うーん……。まあ、でも、かなり古い方。

竹内　古い？

北川景子守護霊　うん。そのような感じがします。

竹内　『古事記《こじき》』『日本書紀《にほんしょき》』の時代まで行く感じですか。

北川景子守護霊　うーん。男性と女性と、両方の神様がついている感じがしますね。「男性の神様」と「女性の神様」、両方ついてるような気がします。

竹内　何というお名前の方でしょうか。

北川景子守護霊　男の神様は、日本武尊《やまとたけるのみこと》（＊）のような感じがしますね。

＊ 日本武尊（3世紀〜4世紀ごろ）　日本神話の英雄。『古事記』『日本書紀』によれば、第12代景行《けいこう》天皇の皇子として生まれ、九州や中国地方、さらには東国《とうごく》に遠征し、これらを平定したとされる。

竹内　あっ、そうなんですか。

北川景子守護霊　うーん。

竹内　では、女性の神様はどなたですか。

北川景子守護霊　女の神様は、たぶん木花開耶姫《このはなのさくやびめ》様（＊）じゃないかと思うんですけどね。

竹内　ああ、そうなんですか。

＊ 木花開耶姫　富士山本宮浅間大社《ほんぐうせんげんたいしゃ》をはじめ、全国の浅間神社に祀《まつ》られている女神。『古事記』『日本書紀』によれば、天孫降臨《てんそんこうりん》した瓊瓊芸《ににぎの》命《みこと》の妻となり、火照命《ほでりのみこと》（海幸彦《うみさちひこ》）や火遠理命《ほおりのみこと》（山幸彦《やまさちひこ》）を産んだ。

北川景子守護霊　ええ、ええ。たぶん、このあたりだと思うんです。

竹内　では、神道《しんとう》の霊流《れいりゅう》を引きながら、今、日本一の芸の道を目指されているということでしょうか。

北川景子守護霊　うん。何か知らないけど、「日本一にならなきゃいけない」っていう、何か、うーん、すごいスクリューみたいなのが後ろに付いてる。（右手を回しながら）こう、すごく回転してるんですよ。

竹内　日本神道の本流のほうから、そうとうメッセージや光を受けておられるのですね。

北川景子守護霊　そうだろうと思います。日本を、もうちょっと輝《かがや》かせたいっていうか、日本を勇気づけたいっていうか、元気にしたいっていうか。もっと、(日本が)沈《しず》んでいかないように、グーッと花開かせたいっていうか。

そういう、凛々《りり》しい、美しい国?　「凛々しくて、美しい国・日本」っていう感じかなあ。まあ、そういうのを、何か、目指しているんですよねえ。

「凜々《りり》しくて、美しい国・日本」

っていう感じかなあ。

そういうのを、

何か、目指しているんですよねえ。

北川景子守護霊の
スピリチュアル・ビューティー・メッセージ

13 絶世《ぜっせい》の美女

武井《たけい》咲《えみ》の守護霊霊言《れいげん》が気になる?

北川景子守護霊　この前、あれでしょう?　ここ(幸福の科学)は、〝武井《たけい》咲《えみ》ちゃん派〟なんだから、ちょっと……(*)。

竹内　いや、〝武井咲派〟ということはないですけれども(苦笑)。

*『時間よ、止まれ。──女優・武井咲とその時代──』
(大川隆法 著／幸福の科学出版)
2014年12月27日、女優・武井咲の守護霊霊言を収録。
人気女優・武井咲のピュアな魅力の秘密や衝撃の過去世が明らかに。

北川景子守護霊　私なんかは、もう、年を取ってしまって駄目《だめ》。もう、役に立たないかもしれませんけれども、私だって、まだ少しぐらいは、お役に立てるかもしれませんので。

あんな若い人に言われると、私、困る（会場笑）。困っちゃうんです。（二十歳《さい》前後の）あのころは、まだ全然駄目《だめ》だったし、無力《むりょく》だったので。あっちに目を付けられると、ちょっと困るんですけど。

やっぱり、（霊言《れいげん》を収録する）順序を年功序列《ねんこうじょれつ》にして、年上から〝攻《せ》めて〟もらわないと、少し困るんですけど。

竹内　なるほど（笑）。

「絶世《ぜっせい》の美女」として知られる過去世《かこぜ》を明かす

竹内　ところで、「仏縁《ぶつえん》」のようなものも、おありになるのですか。

北川景子守護霊　ああ、「仏縁」ときますか。仏縁というと、日本でいえば、それは飛鳥《あすか》、奈良《なら》（時代）のほうからあとということになりますから、うーん……。

でも、ずばりの「尼《あま》さん」っていう感じはしないから。信仰心《しんこうしん》は篤《あつ》いけど、ずばりの尼さんっていう感じはしないので。

うーん、尼さんではないと思うけれども、お寺の建立《こんりゅう》とか、仏像の安置《あんち》とか、そういうものに対しては、何か協力したような感じがするので。「財施《ざいせ》」

っていうのかな？　お布施《ふせ》、寄進《きしん》みたいなのは熱心にしたような気がしますね。そういう意味での「外護《げご》」ですか？　それは、したような気がします。

あと、そうですねえ……。平安（時代）の前から、平安に入るころにもいたような気もするので。あのころですと、宮廷《きゅうてい》のほうの歌人か何かでいたかなあ。

竹内　歌人ですか。

北川景子守護霊　うん。そのような気がしますね。何か、宮廷に上がっていたような気はしますね。ええ。

竹内　お名前は遺《のこ》っていますか。

北川景子守護霊　まあ、百人一首《ひゃくにんいっしゅ》に載《の》ってるような名前があるかどうかは、ちょっと分かりませんけど。ほんとに、あんまり、あの、みなさんは全然知らないような、「小野小町《おののこまち》」とかいう名前かもしれませんけれども。

竹内　（驚《おどろ》いて）えっ、本当ですか!?

北川景子守護霊　知らないんでしょう？

竹内　いや、知っていますけど。

北川景子守護霊　えっ？　知らないでしょ？

竹内　いや、知っています（笑）。小野小町は有名です。

北川景子守護霊　有名ですか？

竹内　ええ、有名です。すごく有名だと思いますけれども（会場笑）。

北川景子守護霊　そうですか？

竹内　はい。小野小町様なのですか。

北川景子守護霊　小野小町って、そんなに有名なんですか？

竹内　いや、みんな知っています。

北川景子守護霊　ああ、そうですか。そんなに有名なんですか。なんか、「小さい」って書くので、私はあんまり好きじゃないんです。

竹内　ああ、そうですか（笑）。

北川景子守護霊　「小さい、小さい」って書くから。「大きい」のがいい。〝大野大町《おおのおおまち》〟ぐらいだといいですね。

竹内　（笑）では、そこで芸術的な才能を磨《みが》かれたところはあるんですね。

北川景子守護霊　うーん、「美」と「文学的な芸術性」みたいなのは、磨いたかもしれませんけどもね。

「三大美女なんて嘘《うそ》かもしれないじゃないですか」

北川景子守護霊　「小野小町」って、そんなに有名なんですか？

竹内　ええ。たいていの人は知っていると思います。

北川景子守護霊　そうですか。何か、井戸《いど》があるぐらいしか知らないですよ、私は（＊）。

竹内　いやいや、そんなことは……（苦笑）。

小田　いや、三大美女の一人ですよ。

北川景子守護霊　あっ、そうですか？

＊ 秋田県湯沢《ゆざわ》市、東京都町田市、京都市山科《やましな》区など全国各地に、小野小町ゆかりの井戸の跡が遺されている。

Episode

「絶世《ぜっせい》の美女」と伝わる小野小町《おののこまち》

小野小町
(9世紀ごろ?)

平安時代の女流歌人。一説によると、歌人・学者の小野篁《おののたかむら》の孫で、現在の秋田県湯沢市小野の生まれであるという。晩年も秋田で過ごしたとされるが、日本各地に「ゆかりの地」が遺り、真偽は不明。絶世の美女と言われ、美人を「○○小町」と呼ぶのは彼女の名前に由来する。

歌人として

小野小町は『古今《こきん》和歌集』の撰者・紀貫之《きのつらゆき》が絶賛する歌人であり、六歌仙《ろっかせん》、三十六歌仙、女房三十六歌仙の一人に選ばれている。在原業平《ありわらのなりひら》と和歌の贈答をしたとも言われる。『古今和歌集』と『百人一首』に所収の、右記の和歌が有名。

深草少将《ふかくさのしょうしょう》の伝説

「京都・伏見《ふしみ》に住む深草少将が小野小町を見初《みそ》めて求婚したところ、小町に『百日通えば妻になりましょう』と言われた。少将は山科《やましな》まで毎夜通ったが、九十九日目に雪道で命を落とした」という伝説がある。

花《はな》の色《いろ》は　移《うつ》りにけりな　いたづらに
我《わ》が身《み》世《よ》にふる　ながめせし間《ま》に

(桜の花の色は、むなしくあせてしまった。ちょうど、私が恋や世間のことで思い悩んで、長雨をぼんやりと眺めているうちに、私の容貌が衰えてしまったように)

小田　ええ。クレオパトラ、楊貴妃《ようきひ》、小野小町です。

北川景子守護霊　いや、写真も遺ってないのに三大美女なんて、そんなの嘘《うそ》かもしれないいじゃないですか（笑）。きっとそれは、秋田《あきた》県がつくった嘘かもしれませんよ。

竹内　（苦笑）

北川景子守護霊　それは、写真や証拠《しょうこ》が何もない。ただ、井戸が遺っているだけで。

井戸に顔を映して見てて、「あっ、美しいわ」って、自分で言ってたぐらいのことなんじゃないですか？「小野小町」って、そんなに有名？

竹内　いや、もう……（会場笑）。

北川景子守護霊　だって、証拠がまったくないですよ。何にもないです。

小田・愛染　（苦笑）

竹内　いや、でも、そういう伝説が……。

北川景子守護霊　美人の証拠なんか、まったくないですよ。

小田　いや、評判だけでそう伝わっているというのは、そうとうすごいことですから……。

北川景子守護霊　（質問者の愛染に）あなただって、井戸を覗《のぞ》いたら、きっと美しく映ってますよ、ものすごく。

愛染　いや、そんな……（笑）。

北川景子守護霊　だから、その程度で。昔は、そんな映像技術がないから、井戸を見て美しいかどうか判断するっていう「水鏡《みずかがみ》」ですので。

小野小町って、そんなに……。あっ、そうですか。

竹内　ええ。ほとんどの人は知っていると思います。

北川景子守護霊　ちょっと勉強が足りなかったかなあ。文学部じゃなかったもので。

竹内　いや（笑）、文学部じゃなくても知っていると思います。

北川景子守護霊　経済のほうを勉強してたので、あんまり関心はなかったんですけど。

14 美《び》貌《ぼう》の秘《ひ》訣《けつ》

芸能界で成功するための意外な〝秘術〟とは?

小田　最後に一つだけお願いしたいのですが、幸福の科学には、「スター養成スクール」と「ニュースター・プロダクション」という芸能部門がございます。

北川景子守護霊　ああ、そうですか。はい。

小田　それから、来年二〇一六年の春には、ハッピー・サイエンス・ユニバーシティ(*)で、「未来創造学部」という学部が開設されるのですが、そのなかで、「芸能・クリエーター部門専攻《せんこう》コース」が開講されることになっております。

北川景子守護霊　ああ、はい。

小田　そこで、成功の道を走り続けておられます北川景子さんの守護霊様から、将来、モデルや女優、芸能界入りを目指してゆく子供たち、若者たちに、何かアドバイスやメッセージを頂けたら、ありがたいです。どうぞ、よろしくお願いします。

＊ハッピー・サイエンス・ユニバーシティ(HSU)　「現代の松下村塾」として2015年4月に開学の「日本発の本格私学」(創立者・大川隆法)。「幸福の探究と新文明の創造」を建学の精神とし、初年度は人間幸福学部、経営成功学部、未来産業学部の3学部からなる(4年課程)。

北川景子守護霊　やっぱりね、私の最大の特技はね、「たくさん食べて、太らないこと」だと思います（笑）。

小田　（笑）

北川景子守護霊　これは難しいんです。難しいんですよ。だけど、精力的《せいりょくてき》に仕事をするためには、食べなきゃ駄目《だめ》なんです。

小田　ああ。

北川景子守護霊　みんな食《しょく》を細くしてね、野菜だけ食べて、朝食だけで終わりにするとか、頑張《がんば》っていらっしゃるでしょ？　でも、あれでは、ほんとはいい仕事ができないんですよね。ちゃんとしっかり食べなきゃいけないんですが、食べると必ず太るんですよ。

小田　ええ。

北川景子守護霊　これが難しいところですね。だから、「食べても太らない術《じゅつ》」を身につけたら、芸能界では、成功する可能性はかなり高いですね。それは、やっぱり〝秘術〟ですので。まあ、各人の体質もありますけども（＊）。

＊ 北川景子はテレビ番組や雑誌のインタビュー等で、大の焼き肉好きであることを公言している。体調を整えたいときは、ジムに通うなどして運動で調整するのだとか。

「食べても太らない祈願《きがん》」!?

北川景子守護霊　さあ、どうすれば、食べても太らないで済むか。普通《ふつう》の人は、(愛染に)あなたであっても、一日六食とか九食とか食べたら大変なことになるでしょう?　どうですか?

愛染　いやあ、怖《こわ》いです。

北川景子守護霊　でしょう?　怖いでしょう?

愛染　はい。

北川景子守護霊　だから、「食べて、太らない術を身につける」ということは大変で。ドラえもんに祈願《きがん》を……、芸能部門に、「ドラえもん祈願」っていうのをつくったらいい。

小田　（笑）

北川景子守護霊　（合掌《がっしょう》しながら）「ドラえもん異次元胃袋《いぶくろ》祈願」と言って（手を一回叩《たた》く）、「ドラえもんの異次元ポケットに、この食物を移動したまえー」って言いながら、おいしいものを食べる（笑）。

やっぱり、何か食べないといけないけど、まあ、「霊界《れいかい》の人への供養《くよう》だ」と

REIGEN Column 4

癒やし系女優の守護霊《しゅごれい》が語る スピリチュアル・ダイエット法

深田恭子《ふかだきょうこ》守護霊　（私は）ぽっちゃりしたところが魅力《みりょく》ではあるけど、「太ってちゃいけない」というか、「体重の重い女性みたいに見えてはいけない」という、そのへんの矛盾《むじゅん》が難しいところなんですよね。（中略）

そのへんのコンディションづくりは、そんなに科学的ではないんですけど、ちょっと「内なる声」は聞こえることは聞こえるので、「内なる囁《ささや》き」のようなものが、食べるものとか運動とか、そういうものに対して、何かコントロールしようとしているようには感じるんですよね。

Book

『「神秘の時」の刻み方
―女優・深田恭子 守護霊インタビュー』
大川隆法 著／幸福の科学出版

more

- **女性が美しく見えるしぐさとは？**
- **ぽっちゃりコンプレックスの克服法**
- **深キョンと縁の深い女神様は……**

思って食べると、なんか、そちらのほうに供物《くもつ》として移動していくから。

小田　そうですかね（苦笑）。

北川景子守護霊　エネルギーとしてだけ残って、中身だけ移動して、消えていってくれるようになるから。そういう、何か新しい「祈願」が必要ですね。

「美貌《びぼう》」を維持《いじ》するための食生活の秘密

北川景子守護霊　だから、食べなきゃ駄目なんです。

小田　はい。

北川景子守護霊　あのね、朝はサラダだけとか、フルーツだけとか、こんにゃくだけとか食べててね、いい仕事はできません。やっぱり、容色《ようしょく》も衰《おとろ》えてきますよ。パワーや生気《せいき》がないから、張りがないし、力が漲《みなぎ》ってこないので、食べないと駄目なんです。

でも、食べて太っちゃ駄目だから、「食べても太らないで、容姿を維持《いじ》する」っていう、この術を身につけなければいけない。

これについては、秘技がないわけではないんだけれども、やはり、個人的な〝企業《きぎょう》秘密〟に属するので、あんまり言うことはできませんけど。

まあ、一つ一つの演技に精力を込《こ》めてやれば、エネルギーの燃焼度《ねんしょうど》も増えるだろうと思いますので、しっかり練習を積んで、汗《あせ》を流すことが大事かもしれませんね。

小田　はい。

北川景子守護霊　それに、いいものを食べていないと、「すっぴん」のときの顔が、かなり悪くなりますよ。

小田　はあ。

北川景子守護霊　メイクだけでは補《おぎな》えなくなるので。単なる減量《げんりょう》だけでは駄目なので、いいものを食べて太らないことが大事です。栄養素のバランスが取れていたら、必ず美貌《びぼう》につながってくるので。

まあ、ここのところは、やっぱり〝企業秘密〟。必ず、「個人の秘伝《ひでん》」みたいになると思うので、難しいでしょうけど。うーん、何ていいますかねえ……。どういう運動なり、体の鍛錬《たんれん》なりを上手《じょうず》に入れ込むかということが大事かとは思いますけど。

これをやらないと、例えば、撮影《さつえい》なんかでも、「念《ねん》が切れずに、夜中まで撮影に耐《た》える」っていうようなことは、かなり難しいと思いますね。耐えられないんじゃないかなあ。

小田　はい、ありがとうございます。

単なる減量《げんりょう》だけでは駄目《だめ》なので、

いいものを食べて太らないことが大事です。

栄養素のバランスが取れていたら、

必ず美貌《びぼう》につながってくるので。

北川景子守護霊の
スピリチュアル・ビューティー・メッセージ

「信仰心《しんこうしん》のある女優でも、成功できる」

竹内　本日は、数々の貴重なアドバイスを頂きまして、まことにありがとうございました。

北川景子守護霊　お役に立ちましたか？　私、驚《おどろ》きました。小野小町って、そんなに……。

竹内　いやあ、もう（笑）。

北川景子守護霊　そんなに（有名）ですか？

竹内　ええ、もう、非常に有名でございます。

北川景子守護霊　ああ、そうなんですか。

竹内　はい。

北川景子守護霊　ああ、そう。

竹内　たぶん、小学校高学年ぐらいなら、みんな知っていると思います。

北川景子守護霊　それは、「和歌が……」とか、そんなので有名なんじゃないんですか？

竹内　いや、知らない人のほうが少ないと思うんですけど。

北川景子守護霊　ああ、そうですか。いいですねえ。写真がなくて、「美人だ」って、みんなが認めてくれるって、すごくいいですねえ。いやあ……。

竹内　ええ。美女の代表として、知られていると思います。

北川景子守護霊　そうですか。なんで、そんなに有名になったんでしょうねえ。

竹内　やはり、美しかったのだと思うんですけども。

北川景子守護霊　ああ、やっぱり、このへんが、「日本一になれ」って言ってくるのかなあ。

竹内　ああ、そういうことですか。

北川景子守護霊　うーん。「日本一になれ」って言ってくる声は……。

竹内　やはり、「日本一になって、世界に、美を発信してほしい」ということですね。

北川景子守護霊　うーん。さあ、日本一……。もう、薹《とう》が立って、（時期を）過ぎちゃったかもしれないけども。

竹内　いいえ、まだ、これからだと思いますので。

北川景子守護霊　そうですかあ。

竹内　はい。今後のご活躍《かつやく》を願っております。

北川景子守護霊　みなさまにも、応援《おうえん》してくださいますことを、ほんとに心からお願いします。（私もみなさんを）陰《かげ》ながら、応援しておりますので。

竹内　ああ、こちらこそ、ありがとうございます。

小田　ありがとうございます。

北川景子守護霊　「信仰心《しんこうしん》のある女優でも、成功できる」ということを、お伝えください。

竹内　はい。貴重なアドバイスを、ありがとうございました。

小田・愛染　ありがとうございました。

北川景子守護霊　はい。

Ⅲ Closing Comments

北川景子の
さらなる成功を祈りたい

大川隆法　（手を一回叩《たた》く）ありがとうございました（手を二回叩く）。「小野小町《おののこまち》」で来ましたか。

小田・愛染　（笑）

大川隆法　「オードリー・ヘップバーン」に対し、「小野小町」で来ました（会場笑）（＊）。

竹内　すごいですよね（笑）。

大川隆法　「〝国産〟だけど、負けていない」ということでしょうか。

＊ 武井咲《たけいえみ》守護霊は霊言で、武井咲の直前世をオードリー・ヘップバーンであると語った（前掲『時間よ、止まれ。──女優・武井咲とその時代──』参照）。

竹内　（笑）そうですね。

大川隆法　確かに、〝国産品〟としてはブランド物ですね。国産ブランドとしては、トヨタ車のようなものかもしれません。外国の〝デトロイト〟を攻《こう》撃《げき》に行かなければいけないでしょう（笑）。

そうですか。じゃあ、この人も、「日本発」で世界的に有名になるようなところへ行ってくださるように、心の底からお祈《いの》りしましょうかね。

竹内　はい。

大川隆法　信仰心《しんこうしん》のある人が活躍《かつやく》するということは、私たちにも、うれしいことだと思っています。ご成功を祈りたいと思います。ありがとうございました。

一同　ありがとうございました。

あとがき

本公開霊言中、女優・北川景子の守護霊は、過去世の一つが北条政子《ほうじょうまさこ》の妹であったと述べている。実は私の現在の家内（幸福の科学総裁補佐・大川紫央《しお》）の過去世の一つが、源頼朝《みなもとのよりとも》の妻であった北条政子であると知られている。とすれば、まあ身内のようなものではないか。某大政治家の血を引く方との熱愛が報じられているが、宗教にも少し関心を持って下さると有難い。

また本書では、北川さんのもう一つの過去世が、日本一の美女としてほまれも高い、「小野小町《おののこまち》」であると霊査されている。客観的にみても、その資格は十分にあるので、日本の誇る「ブランド美人」なら、日本文化を一層の高みに導いて下さることだろう。

今後のご精進、ご活躍を祈念しつつ、多くの読者に「美のオーラ」をおすそ分け下されば幸いである。

二〇一五年　三月二十四日

幸福《こうふく》の科学《かがく》グループ創始者兼総裁《そうししゃけんそうさい》　大川隆法《おおかわりゅうほう》

『女優・北川景子　人気の秘密』大川隆法著作関連書籍

『太陽の法』（幸福の科学出版刊）
『魅せる技術――女優・菅野美穂　守護霊メッセージ――』（同右）
『俳優・木村拓哉の守護霊トーク「俺《オレ》が時代《トレンド》を創る理由《わけ》」』（同右）
『時間よ、止まれ。――女優・武井咲とその時代――』（同右）
『「神秘の時」の刻み方――女優・深田恭子　守護霊インタビュー――』（同右）

女優《じょゆう》・北川景子《きたがわけいこ》　人気《にんき》の秘密《ひみつ》

2015年4月11日　初版第1刷

著　者　　大《おお》川《かわ》隆《りゅう》法《ほう》

発行所　　幸福の科学出版株式会社

〒107-0052 東京都港区赤坂2丁目10番14号
TEL(03)5573-7700
http://www.irhpress.co.jp/

印刷・製本　株式会社 堀内印刷所

落丁・乱丁本はおとりかえいたします

ISBN978-4-86395-662-9 C0076
写真：共同通信社／時事／アフロ

大川隆法 霊言シリーズ・人気の秘密に迫る

ローラの秘密

モデルとして、タレントとして人気の、天然キャラ・ローラの素顔をスピリチュアル・インタビュー。みんなから愛されるキラキラ・オーラの秘密を大公開！

1,400円

1,400円

時間よ、止まれ。

女優・武井咲とその時代

国民的美少女から超人気女優に急成長する武井咲を徹底分析。多くの人に愛される秘訣と女優としての可能性を探る。前世はあの世界的大女優！？

「神秘の時」の刻み方

女優・深田恭子 守護霊インタビュー

人気女優・深田恭子の神秘的な美しさには、どんな秘密が隠されているのか？彼女の演技観、結婚観から魂のルーツまで、守護霊が語り明かす。

1,400円

※表示価格は本体価格（税別）です。

大川隆法 霊言シリーズ・人気の秘密に迫る

人間力の鍛え方

俳優・岡田准一の守護霊インタビュー

「永遠の0」「軍師官兵衛」の撮影秘話や、演技の裏に隠された努力と忍耐、そして心の成長まで、実力派俳優・岡田准一の本音に迫る。

1,400円

1,400円

俳優・木村拓哉の守護霊トーク「俺《オレ》が時代《トレンド》を創る理由《わけ》」

トップを走り続けて20年。なぜキムタクは特別なのか？ スピリチュアルな視点から解き明かす、成功の秘密、絶大な影響力、魂のルーツ。

「イン・ザ・ヒーローの世界へ」

—俳優・唐沢寿明の守護霊トーク—

実力派人気俳優・唐沢寿明は、売れない時代をどう乗り越え、成功をつかんだのか。下積みや裏方で頑張る人に勇気を与える"唐沢流"人生論。

1,400円

※表示価格は本体価格（税別）です。

大川隆法 霊言シリーズ・高天原からのメッセージ

1,300円

天照大神《あまてらすおおみかみ》の未来記

この国と世界をどうされたいのか

日本よ、このまま滅びの未来を選ぶことなかれ。信仰心なき現代日本に、この国の主宰神・天照大神から厳しいメッセージが発せられた！

明治天皇・昭和天皇の霊言

日本国民への憂国のメッセージ

両天皇は、今の日本をどのように見ておられるのか？ 日本において“タブー”とされている皇室論についても、率直な意見が語られる。

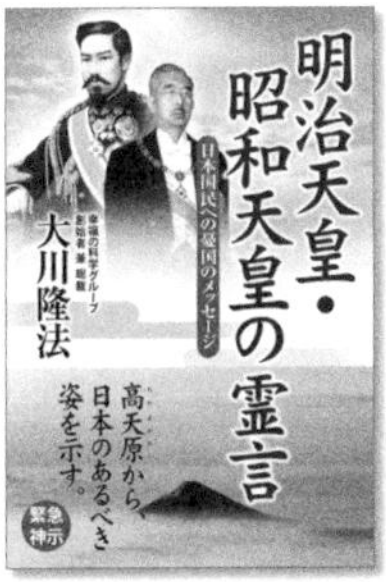

1,000円

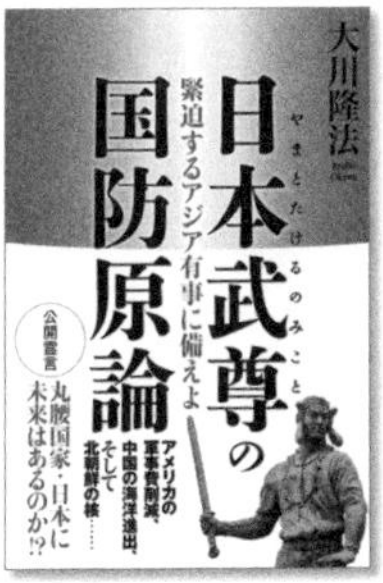

1,400円

日本武尊《やまとたけるのみこと》の国防原論

緊迫するアジア有事に備えよ

アメリカの衰退、日本を狙う中国、北朝鮮の核——。緊迫するアジア情勢に対し、日本武尊が、日本を守り抜く「必勝戦略」を語る。【幸福実現党刊】

幸福の科学出版

大川隆法 ベストセラーズ・女性の幸福を考える

女性らしさの成功社会学

女性らしさを「武器」にすることは可能か

男性社会で勝ちあがるだけが、女性の幸せではない——。女性の「賢さ」とは？「あげまんの条件」とは？ あなたを幸運の女神に変える一冊。

1,500円

夫を出世させる「あげまん妻」の10の法則

1,300円

これから結婚したいあなたも、家庭をまもる主婦も、社会で活躍するキャリア女性も、パートナーを成功させる「繁栄の女神」になれるヒントが、この一冊に！

北条政子の幸福論 —嫉妬・愛・女性の帝王学—

現代女性にとっての幸せのカタチとは何か。夫・源頼朝を将軍に出世させ、自らも政治を取り仕切った北条政子が、成功を目指す女性の「幸福への道」を語る。

1,500円

※表示価格は本体価格（税別）です。

新刊

アイム・ハッピー

悩みから抜け出す
５つのシンプルなヒント

思い通りにいかないこの人生……。そんなあなたを「アイム・ハッピー」に変える、いちばんシンプルでスピリチュアルな「心のルール」。

1,500円

父が息子に語る「政治学入門」

今と未来の政治を読み解くカギ

大川隆法　大川裕太　共著

「政治学」と「現実の政治」はいかに影響し合ってきたのか。両者を鳥瞰しつつ、幸福の科学総裁と現役東大生の三男が「生きた政治学」を語る。

1,400円

いい国つくろう、ニッポン！

大川紫央　釈量子　共著

幸福の科学総裁補佐と幸福実現党党首が、「日本をどんな国にしていきたいか」を赤裸々トーク。日本と世界の問題が見えてくる「女子対談」。

1,300円

Welcome to Happy Science!
幸福の科学グループ紹介

「一人ひとりを幸福にし、世界を明るく照らしたい」──。その理想を目指し、
幸福の科学グループは宗教を根本《こんぽん》にしながら、幅広い分野で活動を続けています。

宗教活動

宗教法人 幸福の科学【happy-science.jp】
- 支部活動【map.happy-science.jp（支部・精舎へのアクセス）】
- 精舎（研修施設）での研修・祈願【shoja-irh.jp】
- 学生局【03-5457-1773】
- 青年局【03-3535-3310】
- 百歳まで生きる会（シニア層対象）
- シニア・プラン21（生涯現役人生の実現）【03-6384-0778】
- 幸福結婚相談所【happy-science.jp/activity/group/happy-wedding】
- 来世幸福園（霊園）【raise-nasu.kofuku-no-kagaku.or.jp】

来世幸福セレモニー株式会社【03-6311-7286】

株式会社 Earth Innovation【earthinnovation.jp】

社会貢献

ヘレンの会（障害者の活動支援）【www.helen-hs.net】
自殺防止運動【www.withyou-hs.net】
支援活動
- 一般財団法人
「いじめから子供を守ろうネットワーク」【03-5719-2170】
- 犯罪更生者支援

国際事業

Happy Science 海外法人
【happy-science.org（英語版）】【hans.happy-science.org（中国語簡体字版）】

教育事業

学校法人 幸福の科学学園
- 中学校・高等学校（那須本校）【happy-science.ac.jp】
- 関西中学校・高等学校（関西校）【kansai.happy-science.ac.jp】

宗教教育機関
- 仏法真理塾「サクセスNo.1」（信仰教育と学業修行）【03-5750-0747】
- エンゼルプランV（未就学児信仰教育）【03-5750-0757】
- ネバー・マインド（不登校児支援）【hs-nevermind.org】
  - ユー・アー・エンゼル！運動（障害児支援）【you-are-angel.org】

高等宗教教育機関
- ハッピー・サイエンス・ユニバーシティ（HSU）

政治活動

幸福実現党【hr-party.jp】
- <機関紙>「幸福実現NEWS」
- <出版> 書籍・DVDなどの発刊

HS 政経塾【hs-seikei.happy-science.jp】

出版 メディア 関連事業

幸福の科学の内部向け経典の発刊

幸福の科学の月刊小冊子【info.happy-science.jp/magazine】

幸福の科学出版株式会社【irhpress.co.jp】
- 書籍・CD・DVD・BD などの発刊
- <映画>「UFO 学園の秘密」【ufo-academy.com】ほか８作
- <オピニオン誌>「ザ・リバティ」【the-liberty.com】
- <女性誌>「アー・ユー・ハッピー?」【are-you-happy.com】
- <書店> ブックスフューチャー【booksfuture.com】
- <広告代理店> 株式会社メディア・フューチャー

メディア文化事業
- <ネット番組>「THE FACT」【youtube.com/user/theFACTtvChannel】
- <ラジオ>「天使のモーニングコール」【tenshi-call.com】

スター養成部（芸能人材の育成）【03-5793-1773】

入会のご案内

幸福の科学では、大川隆法総裁が説く仏法真理《ぶっぽうしんり》をもとに、「どうすれば幸福になれるのか、また、他の人を幸福にできるのか」を学び、実践しています。

入会

仏法真理を学んでみたい方へ

大川隆法総裁の教えを信じ、学ぼうとする方なら、どなたでも入会できます。入会された方には、『入会版「正心法語」』が授与されます。

三帰《さんき》誓願《せいがん》

信仰をさらに深めたい方へ

仏弟子としてさらに信仰を深めたい方は、仏《ぶっ》・法《ぽう》・僧《そう》の三宝《さんぽう》への帰依を誓う「三帰誓願式」を受けることができます。三帰誓願者には、『仏説・正心法《しょうしんほう》語《ご》』『祈願文《きがんもん》①』『祈願文②』『エル・カンターレへの祈り』が授与されます。

学部のご案内

人間幸福学部

人間学を学び、新時代を切り拓くリーダーとなる

人間の本質と真実の幸福について深く探究し、
高い語学力や国際教養を身につけ、人類の幸福に貢献する
新時代のリーダーを目指します。

経営成功学部

企業や国家の繁栄を実現し、未来を創造する人材となる

企業と社会を繁栄に導くビジネスリーダー・真理経営者や、
国家と世界の発展に貢献し
未来を創造する人材を輩出します。

未来産業学部

新文明の源流を創造するチャレンジャーとなる

未来産業の基礎となる理系科目を幅広く修得し、
新たな産業を起こす創造力と企業家精神を磨き、
未来文明の源流を開拓します。

校舎棟の正面

学生寮

体育館

住所 〒299-4325 千葉県長生郡長生村一松丙 4427-1
TEL.0475-32-7770

大川隆法 製作総指揮
長編アニメーション映画
UFO学園の秘密
The Laws of The Universe Part 0
信じるから、届くんだ。
STORY
ナスカ学園のクラスメイト５人組は、文化祭で発表する研究テーマに取り組んでいた。そんなある日、奇妙な事件に巻き込まれる。その事件の裏には「宇宙人」が関係しており、そこに隠された「秘密」も次第に明らかになって……。超最先端のリアル宇宙人情報満載！ 人類未確認エンターテイメント、ついに解禁！
監督／今掛勇　脚本／「UFO学園の秘密」シナリオプロジェクト
音楽／水澤有一　アニメーション制作／HS PICTURES STUDIO
10月10日、全国一斉ロードショー！
Hi!!!
UFO後進国日本の目を覚まそう！
UFO学園 検索